Florence Littauer

Einfach typisch für Eltern

So verstehen und fördern Sie die Persönlichkeit Ihres Kindes

Florence Littauer

EINFACH TYPISCH

FÜR ELTERN

So verstehen und fördern
Sie die Persönlichkeit Ihres Kindes

SCHULTE & GERTH

Die amerikanische Originalausgabe erschien im Verlag
Fleming H. Revell, Grand Rapids, Michigan
unter dem Titel „Personality Plus for Parents“.

Aus dem Amerikanischen übersetzt von Mechthild Bruchmann.

Best.-Nr. 815 790
ISBN 3-89437-790-9
1. Auflage 2002
Umschlaggestaltung: Michael Wenserit
Umschlagillustration: Detlef Mueller
Satz: Typostudio Rücker
Druck und Verarbeitung: Schönbach Druck
Printed in Germany

Inhalt

Einleitung
„Ich weiß nicht, was mit meinem Kind los ist!“ 7

Teil I
Ein Überblick über die vier Temperamente 11

Kapitel 1
Welche Temperamente gibt es eigentlich? 13

Kapitel 2
Das Temperament von Eltern und Kindern erkennen 25

Teil II
Mit den vier Temperamenten leben 43

Kapitel 3
Die Eigenschaften eines sonnigen Sanguinikers 45

Kapitel 4
Die Erziehung Ihres sanguinischen Kindes 58

Kapitel 5
Die Eigenschaften eines kontrollierenden Cholerikers 77

Kapitel 6
Die Erziehung Ihres cholerischen Kindes 89

Kapitel 7
Die Eigenschaften eines minutiösen Melancholikers 105

Kapitel 8
Die Erziehung Ihres melancholischen Kindes 115

Kapitel 9
Die Eigenschaften eines pflegeleichten Phlegmatikers 137

Kapitel 10
Die Erziehung Ihres phlegmatischen Kindes 147

Kapitel 11
Freuen Sie sich an dem Persönlichkeitsporträt Ihrer Familie 170

Fazit: „Jetzt begreife ich!“ 175

Anhang A
Ein Überblick über die vier Temperamente 177

Anhang B
Bestimmen Sie Ihr Persönlichkeitsprofil 183

Literaturverzeichnis 198

Einleitung

„Ich weiß nicht, was mit meinem Kind los ist!“

Fred und ich genossen gerade während einer unserer Vortragsreisen in aller Ruhe ein Sonntags-Brunch im Restaurant unseres Hotels. Da erschien die Dame des Hauses und führte eine junge Familie an unseren Nachbartisch – Eltern, Großeltern und ein zehn Monate altes Kind. Sie nahmen neben uns Platz und wir konnten nicht umhin, sie dabei zu beobachten.

Das kleine Mädchen wollte zweifellos nicht in dem Kinderstuhl sitzen, der an den Tisch gerückt wurde. Ihr Protestgeschrei war nicht zu überhören. Aber alles Winden und Weinen half nichts, die energische Mutter drückte ihr Kind entschlossen und bestimmt in den bereitgestellten Hochstuhl.

Inzwischen hatte sich der Vater ruhig an den Tisch gesetzt und blätterte in der Menükarte und die Großeltern tauschten besorgte Blicke aus, bevor sie Platz nahmen. Bald saß die ganze Familie um den Tisch herum und die Erwachsenen freuten sich sichtlich auf ein gutes Mahl. Doch das Kind hatte andere Vorstellungen.

Alle paar Minuten bäumte sich die Kleine in ihrem Stuhl auf und stieß einen Ohren betäubenden Schrei aus, der jeden friedlichen Restaurantbesucher zusammenzucken ließ. Daraufhin wurde die Mutter ganz nervös und nestelte in ihrer Tasche nach ein paar Kräckern, die jedoch die Kleine sofort zerbröselte, um anschließend alle Krümel zu einem Haufen zusammenzuschieben, hineinzugreifen und sie hoch in die Luft zu werfen. Sie jauchzte vor Begeisterung auf, als die Kräckerkrümel auf sie und den Tisch herabrieselten.

Schließlich sank die Mutter vollkommen entnervt in sich zusammen und seufzte laut auf. „Ich weiß nicht mehr, was ich mit dem Kind noch machen soll“, gestand sie ihren Eltern.

Die Großmutter schüttelte resignierend den Kopf. „Ich auch nicht, Liebes. So bist du doch nie gewesen", stellte sie verzweifelt fest.

„Ja, das stimmt", bestätigte der Großvater. „Du warst immer ruhig und wohl erzogen. Wir konnten dich überallhin mitnehmen. Du hast nie ein solches Theater gemacht."

Mit einem Seitenblick auf ihren Mann, der immer noch über die Menükarte gebeugt saß, breitete die junge Mutter entschuldigend ihre Hände aus und sagte: „Ich weiß nicht, was mit dem Kind los ist!"

Kommt Ihnen diese Geschichte bekannt vor? Haben Sie sich auch schon gefragt, warum Ihr Kind sich nicht so benimmt, wie es sich nach Ihren Vorstellungen benehmen sollte? Ist Ihnen auch unerklärlich, warum ein Kind laut, ausgelassen und wild ist, während ein anderes von Anfang an ruhig, gehorsam, tiefsinnig und perfektionistisch ist? Warum ein Kind stark und aktiv ist und die ganze Familie beherrscht, während ein anderes sich freundlich, friedlich, zugänglich zeigt und überhaupt keine Schwierigkeiten macht?

Dieses Buch will Ihnen eine Antwort auf solche und ähnliche Fragen geben und Harmonie in Ihre Familie bringen.

Wie bei einem Theaterstück spielen die einzelnen Mitglieder Ihrer Familie unterschiedliche Rollen. Und natürlich müssen Sie sich aufeinander einstimmen, damit ihr gemeinsames Leben ein Erfolg wird. Im Gegensatz zu einer Theatertruppe sind Ihre Familienmitglieder nämlich nicht auf ihre Rollen vorbereitet worden. Vielmehr begegnen sich Paare und heiraten ohne jede Anleitung eines erfahrenen Regisseurs. Und auch unsere Kinder können wir uns nicht entsprechend unserer Vorstellungen aussuchen und sie wieder fortschicken, sobald wir merken, dass sie nicht in unser Bild von ihrer Rolle passen. Vielmehr müssen wir lernen, unsere Truppe, so wie sie ist, besser zu verstehen und miteinander umzugehen.

In diesem Buch werde ich Ihnen und Ihrer Besetzung zeigen, wie Sie das Konzept der vier Persönlichkeitsprofile anwenden können, um so sich selbst und den Umgang mit jedem einzelnen innerhalb Ihrer Familie zu verstehen. Sie werden erkennen, warum Ihr Kind so handelt, wie es handelt und wie Sie als Eltern darauf reagieren sollten. Anstatt sich darüber Sorgen zu machen

- warum die Sanguinikerin Susi so gerne schwätzt und dabei alles andere vergisst,
- warum Choleriker Christian seine Freunde herumkommandiert und auch Sie zu kontrollieren versucht,
- warum Melancholiker Martin so brav und organisiert aber leicht beleidigt ist und
- warum Phlegmatikerin Phyllis so gelassen ist und sich für keine Ihrer herrlichen Pläne begeistern lässt,

können Sie Ihre Kinder entsprechend der Vorgaben fördern, die Gott in ihren Persönlichkeitsprofilen angelegt hat. Das Endergebnis wird bestimmt alle begeistern!

Teil I

Ein Überblick über die vier Temperamente

Kapitel 1

Welche Temperamente gibt es eigentlich?

Es dauert meist nicht lange, bis Eltern festgestellt haben, dass nicht alle ihre Kinder gleich reagieren. Doch leider wissen sie nur selten, wie sie damit umgehen sollen. Ein Kind ist aufgeschlossen und quicklebendig, ein anderes ist reserviert und zurückhaltend. Ein Kind braucht ständig Aufmerksamkeit, ein anderes ist zufrieden, wenn man es in Ruhe lässt. Cheryl wollte mit ihren vierjährigen Drillingen Lebkuchenmänner dekorieren. Sie stellte für jedes Kind eine kleine Schüssel mit Zuckerguss bereit und legte bunte Smarties, Gummibärchen und M & Ms dazu. Dann schaute sie zu, wie die drei Kleinen mit ihren Kunstwerken begannen.

Brian tauchte sofort Bonbons in den Zuckerguss und drückte so viele Süßigkeiten wie möglich auf seinen Lebkuchenmann. Dabei ließ er ein oder zwei Bonbons in seinem Mund verschwinden. Ein solch unbeherrschtes Verhalten störte seine Schwester Sarah gewaltig. „Mama, sag Brian, dass er sofort aufhört!“, jammerte sie. „Er nimmt uns alle Bonbons weg! Ich brauche die roten und rosa Gummibärchen, weil ich ein Mädchen bin!“

Also griff Cheryl nach den Bonbons und teilte sie gleichmäßig auf, bevor Brian tatsächlich alle Süßigkeiten an sich reißen konnte.

Trotz der Kabbelei zwischen seinen Geschwistern betrachtete Blake inzwischen in aller Ruhe seinen Lebkuchenmann und die verschiedenen Dekorationsmöglichkeiten. Er hatte noch gar nicht angefangen. Auf die Frage: „Soll ich dir helfen, Blake?“, antwortete er: „Ich muss ein ganz schönes Gesicht machen.“

Seine Mutter meinte daraufhin, er solle endlich anfangen und den Lebkuchenmann irgendwie nach seinem Geschmack dekorieren. Aber er weigerte sich. Stattdessen musste ihm seine Mutter helfen, damit Augen, Nase, Mund und Haare ganz ordentlich ausschauten. Erst danach machte Blake allein weiter, indem er ein einziges Bonbon genau mitten auf den Bauch setzte. Als sein erster Lebkuchenmann perfekt war, war Blake zufrieden und wollte keine anderen Lebkuchenmänner mehr dekorieren. Er bat seine Mutter, ihm die Hände abzuwischen, damit er mit seinen Legosteinen spielen konnte. Und kaum war er vom Tisch verschwunden, bestimmte Brian: „Ich nehme seine Bonbons!"

Worauf Sarah losheulte: „Nein! Mama! Du musst sie teilen!"[1]

Obwohl diese Drillinge dieselben Eltern und dieselbe häusliche Umgebung haben, das gleiche essen und dieselben Geschichten hören und erleben, gehen alle drei mit ein und derselben Sache ganz unterschiedlich um. Der stürmische Brian wollte so viel Spaß wie möglich mit seinen bunten Lebkuchenmännern haben. Die ordentliche Sarah verlangte, dass alles fair und gerecht nach ihren Vorstellungen verteilt wird. Und der vorsichtige Blake musste gleich beim ersten Versuch ein perfektes Teil produzieren.

Warum ist jedes dieser Kinder so verschieden?

Wir werden als Unikat geboren

Studien haben bestätigt, dass jedes Kind als *vorgefertigte* Persönlichkeit geboren wird und damit festgelegt ist, wie es sich auf seine Welt einlässt. Dabei spielt natürlich auch die Umgebung eine wichtige Rolle und trägt dazu bei, auf welche Weise die Persönlichkeit eines Menschen zum Ausdruck kommt. Die Persönlichkeit an sich ist jedoch bereits bei der Geburt unzweifelhaft festgelegt.

1979 hat die Universität von Minnesota mit der sogenannten „Twins Reared Apart"-Studie begonnen (eine Studie über Zwillinge, die getrennt voneinander aufwuchsen). Diese Studie ergab überzeugende Beweise, dass die Persönlichkeit eines Menschen ererbt ist. Hierzu wurden Zwillinge getestet, die nach der Geburt getrennt und von verschiedenen Familien adoptiert worden waren. Dadurch hatten sie in den Folgejahren keinerlei Kontakt miteinander. Das Forschungsteam der Universität kam schließlich zu dem Ergebnis, dass unser Verhalten als Erwachsene entgegen früherer Meinungen viel mehr ererbt als erworben ist. Zwillinge dieser Studie erkannten sich nach Jahren der Trennung sowohl im Aussehen, als auch im Verhalten, in den Gewohnheiten und im sozialen Verhalten des anderen sowie in dessen gesamter Persönlichkeitsstruktur verblüffend wieder.

Eine ähnliche Studie an der Universität von Indiana kam zu gleichen Ergebnissen. Menschen, deren einzige Verbindung in der Kindheit ihre genetische Prägung war, glichen sich als Erwachsene in jeder Hinsicht ganz erstaunlich.

In meinen Seminaren habe ich viele Zwillinge kennen gelernt, deren Geschichte ihre angeborene Ähnlichkeit bestätigt. Jeanette und Annette wurden zum Beispiel in einem Abstand von sieben Minuten geboren. Beide heirateten Missionare und jede gebar zur gleichen Zeit ein Kind. Sie wohnen etwa 2.000 Kilometer voneinander entfernt und verrichteten, wie sich oftmals später herausstellte, an einem Tag oft die gleiche Arbeit.

Lana und Lorna wurden nach der Geburt voneinander getrennt und trafen erst viel später wieder zusammen. Bei einem gegenseitigen Besuch stellte sich heraus, dass bei beiden die gleiche Schlafzimmertapete an den Wänden klebte und in ihren Schränken viele gleiche Kleidungstücke hingen! Ein anderes Zwillingspaar erzählte mir, dass sie nach 30jähriger Trennung entdeckten, dass sie beide Kinderbücher geschrieben und illustriert hatten.

Wie diese Geschichten erkennen lassen, vererben Menschen mehr als nur äußere Merkmale wie Augen- oder Haarfarbe. Wir kommen vorprogrammiert mit einer bestimmten Verhaltensweise auf die Welt, die dem Leben mit Schüchternheit, Aggression, Fröhlichkeit, Traurigkeit, Gesprächigkeit, Ordnungsliebe und mit vielen anderen unterschiedlichen Wesenszügen begegnet.

Bereits die biologische Zusammensetzung unseres Körpers ist extrem komplex, doch dazu kommt noch, dass auch unsere Gene deutlich unser Verhalten beeinflussen. Menschen reagieren auf gleiche Erfahrungen überraschend ähnlich oder vollkommen unterschiedlich, je nach ihren angeborenen Wesenszügen. Dean Hamer schließt daraus: „Bei einigen Seiten unseres Charakters haben wir in etwa so viel Wahlmöglichkeiten wie bei der Wahl unserer Nase oder unserer Schuhgröße.“[2]

Da wir uns unsere eigene Wesensart oder die unserer Kinder nicht aussuchen können, bleibt uns nichts anderes übrig, als uns mit der uns zugedachten Persönlichkeit zu identifizieren und an ihr zu arbeiten. Bevor wir aber der biblischen Empfehlung in Sprüche 22, 6: „Erziehe dein Kind schon in jungen Jahren – es wird die Erziehung nicht vergessen, auch wenn es älter wird", folgen können, müssen wir Verständnis für und Achtung vor der Individualität eines jeden Kindes gewinnen. Dazu müssen wir die vier grundlegenden Temperamente verstehen lernen, die alle Menschen, Erwachsene wie Kinder, charakterisieren.

Die vier Temperamente als Basis

Etwa 400 vor Christus – also vor mehr als 2.000 Jahren – versuchten sich griechische Gelehrte die unterschiedlichen Naturelle, die sie bei den Menschen beobachteten, zu erklären. Hippokrates, der bis heute als Vater der modernen Medizin gilt, entwickelte die Theorie, dass die unterschiedliche Zusammensetzung der Körperchemie die Menschen voneinander unterscheide. Er entdeckte vier Körperflüssigkeiten – Blut, gelbe Galle, Schleim und schwarze Galle – die, so meinte er, Einfluss auf das Verhalten des Menschen nehmen.

Einige Jahrhunderte später, etwa 149 nach Christus, entwickelte ein römischer Physiologe namens Galen eine Theorie der Temperamente, die auf die Beobachtungen von Hippokrates aufbaute. Nach Galen gibt es vier grundlegende menschliche Persönlichkeitsprofile – Sanguiniker, Choleriker, Melancholiker und Phlegmatiker – je nachdem, wie hoch der Anteil der jeweiligen Flüssigkeit in einem Körper ist.

In den letzten Jahren haben Psychologen diese Ideen unter die Lupe genommen und entdeckt, dass, obwohl die alten Griechen und Römer nicht immer richtig lagen, an ihren Theorien mehr Wahrheit ist, als vermutet wurde. Auch wenn die von unseren altehrwürdigen Freunden entdeckten vier Körpersäfte beim Menschen keine Verhaltensunterschiede verursachen, können doch vier grundlegende Temperamente helfen, den Menschen zu kategorisieren. Deshalb haben wir uns auch entschlossen, die gleichen Begriffe wie die Griechen zu benutzen, um diese vier Grundverhaltensmuster zu beschreiben.

Sanguiniker – sind beliebte Persönlichkeiten

Die allseits beliebten Sanguiniker stecken voller Energie, wollen immer und überall Spaß haben, sind aufgeschlossen für alles und jeden und gehen gern aus sich heraus. Das sind Leute, die den Button: „Heute schon gelacht?“ an ihrer Jacke tragen.

Sanguiniker verlangen Aufmerksamkeit, Anerkennung, Zustimmung und wollen von allen akzeptiert werden. Diese lebhaften Menschen sorgen für Lachen und Weinen in fast jeder Situation. Sie lieben das Rampenlicht und motivieren gerne andere. Darüber hinaus bestimmen sie die Konversation und schließen innerhalb einer Gruppe auf der Stelle mit jedem dicke Freundschaft. Sanguiniker sind fast immer optimistisch und charmant. Allerdings sind sie wenig organisiert, sehr emotional und übersensibel für das, was andere über sie denken.

Von einem Sanguiniker sagt man, dass er „ununterbrochen schwätzt“ oder „ nie einem Fremden begegnet“. Sanguiniker sind „Redner“.

Choleriker – sind willensstarke Persönlichkeiten

Choleriker sind von Natur aus willensstark und zielorientiert. Sie leben, um etwas zu erreichen und organisieren schnell. Ihr Motto entspricht dem Werbeslogan der Firma *Nike:* „Just do it.“ (Tu's doch!)

Choleriker suchen bei anderen Loyalität und Wertschätzung. Sie bemühen sich, jeden und alles zu beherrschen und erwarten Anerkennung für das, was sie erreicht haben. Sie lieben die Herausforderung und schrecken vor Schwierigkeiten nicht zurück. Ihre Selbstdisziplin und Weitsicht macht sie zu guten Führungskräften. Allerdings können ihr innerer Ansporn und ihre Zielstrebigkeit sie in die Arbeitssucht treiben. Sie werden dadurch leicht rechthaberisch und stur und unsensibel für die Empfindungen ihrer Mitmenschen.

Bei Cholerikern weiß man, was man an ihnen hat. Und wenn man etwas erledigt haben möchte, muss man sich nur an einen Choleriker wenden. Sie sind die „Macher“.

Melancholiker – sind perfektionistische Persönlichkeiten

Perfektionistische Melancholiker sind ruhiger, tiefgründiger und nachdenklicher als andere Menschen. Sie streben nach Perfektion bei allem, was ihnen wichtig ist. Ihr Motto lautet: „Wenn schon, dann aber richtig!" Da sie sich Perfektion zum Ziel setzen, sind diese Menschen oft enttäuscht und deprimiert (bis hin zur Depression), wenn ein Ergebnis einmal nicht perfekt ist.

Melancholiker brauchen Einfühlungsvermögen und Unterstützung von anderen Menschen. Und sie brauchen Raum und Ruhe zum Nachdenken, bevor sie reden, schreiben oder handeln. Sie sind aufgabenorientiert, vorsichtig und organisiert. Diese Perfektionisten gedeihen durch Ordnung. Man kann sich auf sie absolut verlassen, denn sie erfüllen ihre Aufgaben stets rechtzeitig. Leider macht ihr Perfektionismus sie kritisch oder pessimistisch. Und sie machen sich mit ihrem Streben, sich an ihren eigenen hohen Standards zu messen, zusehends selbst verrückt.

Über Melancholiker sagt man: „Sie sind perfektionistisch" oder „Sie haben alles geregelt." Melancholiker sind „Denker".

Phlegmatiker – sind friedliebende Persönlichkeiten

Friedliebende Phlegmatiker sind ausgeglichen und zufrieden. Sie fühlen sich nicht berufen, die Welt zu verändern oder gegen den Status quo anzugehen. Sie sind die perfekten Bewahrer und bewahren sogar ihre eigenen Energien. Ihr Motto lautet: „Warum stehen, wenn man sitzen kann? Warum sitzen, wenn man sich legen kann?" Antriebsstarken Menschen erscheinen Phlegmatiker langsamer als der Rest der Welt. Das heißt nicht, dass sie nicht genauso schlau wie andere sind, denn gerade sie sind schlau. Während die anderen sich sorgen und mühen, beobachten sie uns und beschließen, sich über Kleinigkeiten nicht aufzuregen.

Phlegmatiker scheuen das Risiko, Herausforderungen und Überraschungen. Sie brauchen Zeit, sich an Veränderungen zu gewöhnen. Obwohl sie Stress-Situationen meiden, können sie sehr gut unter Druck arbeiten. Doch ihr Mangel an Disziplin und Motivation lässt sie oft Dinge vor sich herschieben, wenn sie keine starke Führung haben.

Phlegmatiker sind reserviert und gehen doch gern unter Menschen. Sie haben nicht das Bedürfnis, pausenlos zu reden wie Sanguiniker, haben aber einen gewissen Witz und sagen gern das Richtige zur richtigen Zeit. Sie sind beständig und standhaft. Und ihr Sicherheitsbedürfnis schafft für Ehepartner und Kinder Geborgenheit. Sie suchen Frieden und Ruhe und vermitteln lieber, als dass sie kämpfen. Diese loyalen Menschen sorgen gut für ihre Familien und stehen Hilfe suchenden Menschen gerne bei. Das schafft ihnen Anerkennung und Achtung.

Mit „Sie ist nett“ oder „Er ist ein feiner Kerl“, bezeichnet man gerne den Phlegmatiker. Phlegmatiker sind „Beobachter“.

Die folgende Übersicht fasst noch einmal die grundlegenden Eigenschaften der einzelnen Persönlichkeitstypen zusammen:

Beliebte Sanguiniker Grundbedürfnis: Spaß haben Emotionale Bedürfnisse: Aufmerksamkeit, Zuwendung, Zustimmung, Akzeptanz Fallen auf durch: Charme	**Führung** Extrovertiert • optimistisch aufgeschlossen	**Willensstarke Choleriker** Grundbedürfnis: Kontrolle ausüben Emotionale Bedürfnisse: Loyalität, Wertschätzung, Honorierung ihrer Arbeit, Fallen auf durch: Drohen mit Ärger
Spiel humorvoll • umgänglich nicht zielorientiert		**Arbeit** entschlussfreudig organisiert • zielorientiert
Friedliebende Phlegmatiker Grundbedürfnis: Frieden halten Emotionale Bedürfnisse: Ruhe und Frieden, Wertschätzung, keinen Stress, Respekt Fallen auf durch: Zögern und Zaudern	**Analyse** Introvertiert • pessimistisch verschlossen	**Perfektionistische Melancholiker** Grundbedürfnis: Perfektion Emotionale Bedürfnisse: Sensibilität, Unterstützung, Raum, Stille Fallen auf durch: Launenhaftigkeit

Sich ergänzende Persönlichkeitsprofile

Jeder Mensch ist von Geburt an für eines oder mehrere dieser vier Persönlichkeitsprofile veranlagt. Die meisten von uns haben eine Kombination aus zwei Temperamenten. Manchmal sind beide ausgewogen, aber in den meisten Fällen überwiegt eines der Temperamente.

Es ergeben sich vier natürliche Kombinationen aus der oben abgebildeten Grafik der vier Grundtemperamente. Die obere Kombination sanguinisch und cholerisch ist eine natürliche Zusammensetzung, denn Menschen mit diesen Persönlichkeitsprofilen sind optimistisch, sie gehen aus sich heraus und sagen, was sie denken. Diese Kombination ergibt einen sehr begeisterungsfähigen Menschen, der durch andere angespornt wird. Sanguinisch-cholerische Kinder sind entzückend. Sie sind aufgeschlossen, erledigen ihre Arbeit selbständig oder indem sie andere für sich einspannen.

Die untere Kombination melancholisch und phlegmatisch ist ebenfalls eine natürliche Zusammensetzung, denn beide Persönlichkeitstypen sind introvertiert, pessimistisch und zurückhaltend. Ein melancholischer Phlegmatiker ist nicht leicht zu begeistern und lebt eher zurückgezogen. Wenn ich meinen sechsjährigen melancholischen Sohn morgens fragte: „Wie geht es dir heute?", antwortete er: „Bis jetzt ganz gut. Mir ist heute noch keiner in die Quere gekommen." Der Umgang mit solchen Menschen ist nicht einfach. Man muss wissen, dass melancholische Phlegmatiker ihre Arbeit perfekt und pünktlich erledigen, wenn sie gut gelaunt sind und man sie in Ruhe gewähren lässt. Es gibt aber auch Zeiten, da lässt ihre pingelige Art keine Freude aufkommen und sie sind zu deprimiert und zu beschwert, um irgendetwas auf die Reihe zu bekommen.

Die beiden Kombinationen Sanguiniker/Choleriker oder Melancholiker/Phlegmatiker haben jeweils so viele gemeinsame Wesenszüge, dass diese Zusammensetzungen ziemlich ausgeglichen sind. Dagegen vereinigt die Mischung Choleriker/Melancholiker oder Sanguiniker/Phlegmatiker einen Optimisten mit einem Pessimisten, einen begeisterungsfähigen Menschen mit einem stocknüchternen Typ und ein aufgeschlossenes Naturell mit einem zurückgezogenen Charakter. Diese Menschen sind wenig ausgeglichen. Mal herrscht die eine Wesensart vor, dann wieder die andere. Solche Leute werden entsprechend ihrer jeweiligen Lebensumstände ständig hin- und hergerissen.

Die Temperamente auf der rechten Seite der Grafik, eine Kombination aus Choleriker und Melancholiker, lassen einen Menschen sehr aufgabenbewusst sein. Das sind richtige Schaffer, die ihre Sachen schnell erledigen und alles perfekt machen wollen. Sie können allerdings recht unbequem und unduldsam werden, weil niemand es ihnen recht macht oder die Dinge rechtzeitig erledigt. Dadurch sind sie oft missgelaunt.

Die Temperamente Sanguiniker und Phlegmatiker auf der linken Seite der Grafik passen ebenfalls gut zusammen. Diese Menschen sind sehr bezugsorientiert. Die Kombination aus beidem schafft gute Freunde: ein lustiger Sanguiniker mit einem angenehmen und anpassungsfähigen Phlegmatiker. Der sanguinische Phlegmatiker, der mit viel Sinn für Humor ausgestattet ist, nimmt jeden wie er ist und wirkt immer entspannt. Allerdings neigen diese Menschen dazu, undiszipliniert oder sarkastisch zu werden und sie arbeiten auch nicht gern. Sie vergessen leicht ihre Pflichten, können allerdings auch jederzeit jemanden begeistern, der die Dinge für sie erledigt.

Können Gegensätze eine Einheit bilden?

Jeder von uns wurde mit einem bestimmten Temperament oder einer Kombination aus verschiedenen Temperamenten geboren. Und doch scheinen einige Menschen offensichtlich Wesenszüge gegensätzlicher Temperamente in sich zu vereinigen. Vielleicht geben sie sich zu Hause als friedliebende Phlegmatiker und werden zu willensstarken Cholerikern, sobald sie ihren Fuß ins Büro setzen. Oder aber sie organisieren zwanghaft alles um sich herum, wie man es von perfektionistischen Melancholikern erwarten, aber in ihrer Freizeit stehen sie am liebsten im Mittelpunkt und unterhalten die ganze Gesellschaft. Wie ist so etwas möglich? Können gegensätzliche Temperamente tatsächlich zusammenpassen?

Es ist zwar richtig, dass viele Menschen mit gegensätzlichen Temperamenten *funktionieren,* jedoch *besitzen* sie diese Wesensart meistens nicht. In einigen Fällen erwerben wir gewisse Eigenschaften eines nicht zu uns passenden Temperamentes. Ohne das Verhalten und die Motivation jeder Persönlichkeit richtig verstehen zu können, vermuten wir jedoch, dass nur Melancholiker im Grunde ihres Wesens organisiert sind (Choleriker allerdings auch) und dass nur Choleriker starke Führungskräfte sind (andere können diese Eigenschaft jedoch ebenfalls erlernen).

Auch können viele von uns Lebensumstände vorweisen, in denen wir gelernt haben, in einer bestimmten Situation, ungeachtet unserer natürlichen Veranlagung, zu handeln. Kurz gesagt: Wir müssen lernen, zwischen unserer natürlichen Wesensart und unserer erworbenen Wesensart zu unterscheiden, wenn wir unser eigentliches Persönlichkeitsprofil entdecken wollen. Tun wir das nicht, überlassen wir uns einem Temperament, das wir in Wirklichkeit nicht besitzen. Wir setzen uns eine Maske auf, die unsere echte Persönlichkeit verbirgt und eine falsche darstellt, was uns letztendlich kaputtmacht.

Masken tragen

„Er versteckt sich hinter einer Maske“, sagen wir von einem Menschen, der sich nicht natürlich gibt. Wenn wir uns nicht so geben, wie wir von Natur aus sind, ist unser ganzes Leben ein Theaterspiel. Wir spielen einen Part, der der Wirklichkeit nicht entspricht, und das macht uns letztendlich fix und fertig. Wodurch entstehen aber solche Masken?

Ablehnung vermeiden

Vom ersten Tag unseres Lebens an befürchten wir instinktiv, abgelehnt zu werden, und suchen nach Akzeptanz. Aus diesem Grund können Kinder ihre Persönlichkeit verstecken, wenn sie Ablehnung erfahren haben oder sich von denen, die sie lieben, nicht richtig angenommen wissen. Abgelehnte Kinder können sich zum Beispiel ganz dem vermutlichen Wohlwollen des Menschen, der sie ablehnt, anpassen. Sie glauben: „Wenn ich mich ruhig verhalte ..., wenn ich mehr lache ..., wenn ich perfekter arbeite ..., dann werde ich nicht mehr verletzt."

Erwartungen entsprechen

Wenn von Kindern immer wieder erwartet wird, dass sie auf eine bestimmte Weise handeln, stellen sie ihr Leben oft auf diese Erwartungen ein. Wenn also Eltern wissentlich oder unwissentlich vorgeben, was ein Kind mögen soll, können sie die Persönlichkeit des Kindes verändern. Wer versucht, seine Kinder nach den eigenen Hoffnungen und Erwartungen zu erziehen, kann die Meinung und damit den Charakter seiner Kinder verändern. Manche Kinder finden sich in Positionen wieder, die ihren Eltern gefallen, aber die ihnen selbst keine Freude machen und nicht zu ihrer Persönlichkeit passen.

Die melancholische Joyce wollte eine perfekte Mutter sein und ihr Kind ihren Vorstellungen entsprechend formen. „Pssst! Sei schön leise!", wiederholte sie täglich hundertmal oder ermahnte sie „Ich bin doch nicht für dein Vergnügen verantwortlich." Erst als ihre Tochter auf die High School ging, lernte Joyce, dass es unterschiedliche Temperamente gibt und stellte fest, dass ihre Tochter Sanguinikerin ist, die Menschen um sich braucht, mit denen sie Spaß haben kann. Als ihr das klar wurde, unterließ sie endlich ihre herzlosen Versuche, ihr Kind ihren Vorstellungen gemäß zu prägen. Stattdessen ließ sie ihre Tochter sie selbst sein und ließ sie die Freude einer Sanguinikerin entdecken. Hätte Joyce früher von den verschiedenen Temperamenten erfahren, wäre die Kindheit ihrer Tochter für Mutter und Kind lustiger und unbeschwerter gewesen.

Die Förmchen-Erziehung

Eltern, die nichts über die natürliche Veranlagung ihrer Kinder wissen, versuchen leicht, jedes ihrer Kinder in dieselbe Form zu pressen. „Kinder hört man nicht!" Diese Einstellung kann bei melancholischen und phlegmatischen Kindern fruchten. Ein sanguinisches Kind wird jedoch auf diese Weise in seiner Spontaneität gebremst und wird sagen: „Hier ist doch nichts los!“ Und der zum Anführer geborene Choleriker wird protestieren: „Hab ich in dieser Familie denn gar keine Stimme?“

Pat behandelte ihre beiden Söhne vollkommen gleich, obwohl sie unterschiedliche Persönlichkeitstypen waren. Sie betrachtete ihre Kinder einfach im „Doppelpack“: Sie sahen gleich aus, waren beide sportlich und hatten die gleichen Eltern. Pat tat, was sie von ihrer Mutter gelernt hatte: Sie behandelte ihre Söhne gleich. Was Rick tat, galt auch für Rob: dieselbe Sportart, dieselben Unterrichtsfächer, dieselben Vereine. Pat war stolz auf sich. Was war sie doch für eine großartige Mutter, die beide Söhne gleich behandelte!

Als Rick dann schließlich aufs College ging, verkündete Rob: „Ich setze erst mal ein Jahr aus.“ Auf die erstaunte Frage seiner Mutter, was das bedeuten solle, erklärte er: „Ich setze ein Jahr aus, um nicht mehr mein eigener Bruder zu sein. Ich habe getan, was du von mir verlangt hast. Aber jetzt, wo er geht, brauche ich ein Jahr Pause, damit ich zu mir selbst komme.“

Erst als Pat von den verschiedenen Persönlichkeitsprofilen hörte, konnte sie verstehen, was Rob meinte. Er war die Kombination eines Melancholikers und Phlegmatikers, der gezwungen war, die Rolle eines Bruders, eines Sanguinikers und Cholerikers, zu spielen. Pat ist dankbar, dass Rob den Mut hatte, das Spiel abzubrechen, seine Maske abzulegen und nicht für immer Teil des Doppelpacks zu bleiben.

Was auch immer der Grund ist, warum Sie oder Ihr Kind eine Maske tragen, es ist wichtig, sein wahres Temperament zu erkennen und die Maske abzulegen, die das eigentliche Persönlichkeitsprofil verdeckt. Wie aber können Sie Ihr wahres Persönlichkeitsprofil bestimmen? Schauen Sie sich das folgende Kapitel an.

Kapitel 2

Das Temperament von Eltern und Kindern erkennen

Was für ein Persönlichkeitsprofil habe ich?

Inzwischen haben Sie wahrscheinlich sich selbst und andere in den Beschreibungen in Kapitel 1 wiedererkannt. Es braucht also wirklich nicht lange, bis wir eine Vorstellung davon haben, welches Temperament auf uns zutrifft. Bevor wir aber die Temperamente unserer Kinder unter die Lupe nehmen, sollten wir uns vor allem einmal selbst betrachten. Bestimmt haben Sie bemerkt, dass Sie und Ihr Ehepartner unterschiedliche Persönlichkeitsprofile haben. Auf diese Weise sorgt Gott dafür, dass die Schwächen des Einzelnen ausgeglichen und jeder von der Stärke des anderen profitieren kann. Übrigens brauchen Ihre Kinder keine Eltern mit gleichem Temperament! Es ist viel besser für sie, sich auf unterschiedliche Wesensarten einzustellen.

Um herauszufinden, welche Kombination der vier Temperamente Ihre Persönlichkeit prägt, können Sie den nachfolgenden Fragebogen benutzen. In jeder der nachfolgenden Rubriken stehen vier Begriffe. Kreuzen Sie nun in jeder Zeile den Begriff an, der am besten auf Sie zutrifft. Lassen Sie keine der vierzig Zeilen aus! Wenn Sie sich nicht sicher sind, welche Eigenschaft Sie am besten beschreibt, fragen Sie Ihren Ehepartner oder einen Freund oder eine Freundin. Sie werden Ihnen helfen. Um zu einem exakteren Ergebnis zu kommen, können Sie außerdem die Wort-Definitionen in Anhang B nutzen.

Auswertungsbogen

Stärken				
1	abenteuerlustig	anpassungsfähig	lebhaft	analytisch
2	hartnäckig	verspielt	überzeugend	friedlich
3	kompromissbereit	aufopferungsvoll	gesellig	willensstark
4	rücksichtsvoll	beherrscht	ehrgeizig	überzeugend
5	erfrischend	respektvoll	zurückhaltend	einfallsreich
6	zufrieden	sensibel	selbstständig	temperamentvoll
7	vorausplanend	geduldig	positiv	fördernd
8	sicher	spontan	organisiert	schüchtern
9	ordentlich	verbindlich	direkt	optimistisch
10	freundlich	treu	lustig	energisch
11	kühn	reizvoll	diplomatisch	genau
12	fröhlich	beständig	kultiviert	selbstbewusst
13	idealistisch	unabhängig	harmlos	anregend
14	überschwänglich	entscheidungs-freudig	humorvoll	tiefgründig
15	vermittelnd	musikalisch	antreibend	kontaktfreudig
16	aufmerksam	hartnäckig	gesprächig	tolerant
17	geduldig	loyal	führend	lebhaft
18	genügsam	bestimmt	planend	nett
19	perfektionistisch	angenehm	produktiv	beliebt
20	munter	mutig	wohlerzogen	ausgeglichen

Schwächen				
21	unauffällig	schüchtern	unverschämt	herrisch
22	undiszipliniert	unsympathisch	begeisterungslos	unversöhnlich
23	starr	ärgerlich	widerspenstig	wiederholend
24	kleinlich	ängstlich	vergesslich	zu direkt
25	ungeduldig	unsicher	unschlüssig	behindernd
26	unbeliebt	unbeteiligt	unberechenbar	abweisend
27	dickköpfig	willkürlich	anspruchsvoll	zögernd
28	spröde	pessimistisch	dreist	lässig
29	reizbar	ziellos	streitsüchtig	kontaktscheu
30	naiv	schwarzseherisch	dreist	lässig
31	sorgenvoll	verschlossen	arbeitssüchtig	ehrgeizig
32	übersensibel	taktlos	zaghaft	redselig
33	zweifelnd	unorganisiert	dominierend	deprimiert
34	inkonsequent	introvertiert	intolerant	gleichgültig
35	oberflächlich	launisch	muffelig	manipulierend
36	langsam	stur	angeberisch	skeptisch
37	einzelgängerisch	überheblich	faul	aufdringlich
38	träge	misstrauisch	aufbrausend	zerstreut
39	rachsüchtig	rastlos	widerwillig	unbesonnen
40	wetterwendisch	kritisch	arglistig	unbeständig

Übertragen Sie nun all Ihre Kreuze zu den entsprechenden Begriffen auf dem nachfolgenden Bestimmungsbogen. Addieren Sie anschließend die Gesamtzahl der Kreuze in jeder Rubrik und zuletzt die Gesamtsumme der Stärken und Schwächen.

Bestimmungsbogen

Stärken				
	Sanguiniker	**Choleriker**	**Melancholiker**	**Phlegmatiker**
1	lebhaft	abenteuerlustig	analytisch	anpassungsfähig
2	verspielt	überzeugend	hartnäckig	friedlich
3	gesellig	willensstark	aufopferungsvoll	kompromissbereit
4	überzeugend	ehrgeizig	rücksichtsvoll	beherrscht
5	erfrischend	einfallsreich	respektvoll	zurückhaltend
6	temperamentvoll	selbstständig	sensibel	zufrieden
7	fördernd	positiv	vorausplanend	geduldig
8	spontan	sicher	organisiert	schüchtern
9	optimistisch	direkt	ordentlich	verbindlich
10	lustig	energisch	treu	freundlich
11	reizvoll	kühn	genau	diplomatisch
12	fröhlich	selbstbewusst	kultiviert	beständig
13	anregend	unabhängig	idealistisch	harmlos
14	überschwänglich	entscheidungs-freudig	tiefgründig	humorvoll
15	kontaktfreudig	antreibend	musikalisch	vermittelnd
16	gesprächig	hartnäckig	aufmerksam	tolerant
17	lebhaft	führend	loyal	geduldig
18	nett	bestimmt	planend	genügsam
19	beliebt	produktiv	genau	angenehm
20	munter	mutig	wohlerzogen	ausgeglichen
Summe				

Schwächen				
	Sanguiniker	**Choleriker**	**Melancholiker**	**Phlegmatiker**
21	unverschämt	herrisch	schüchtern	unauffällig
22	undiszipliniert	unsympathisch	unversöhnlich	begeisterungslos
23	wiederholend	widerspenstig	ärgerlich	starr
24	vergesslich	zu direkt	kleinlich	ängstlich
25	behindernd	ungeduldig	unsicher	unschlüssig
26	unberechenbar	abweisend	unbeliebt	unbeteiligt
27	willkürlich	dickköpfig	anspruchsvoll	zögernd
28	nachgiebig	stolz	pessimistisch	spröde
29	reizbar	streitsüchtig	kontaktscheu	ziellos
30	naiv	dreist	schwarzseherisch	lässig
31	ehrgeizig	arbeitssüchtig	verschlossen	sorgenvoll
32	redselig	taktlos	übersensibel	zaghaft
33	unorganisiert	dominierend	deprimiert	zweifelnd
34	inkonsequent	intolerant	introvertiert	gleichgültig
35	oberflächlich	manipulierend	launisch	muffelig
36	angeberisch	stur	skeptisch	langsam
37	aufdringlich	überheblich	einzelgängerisch	faul
38	zerstreut	aufbrausend	misstrauisch	träge
39	rastlos	unbesonnen	rachsüchtig	widerwillig
40	unbeständig	arglistig	kritisch	wetterwendisch
Summe				
Gesamtsumme				

Nun können Sie erkennen, welcher Persönlichkeitstyp Sie überwiegend sind. Und Sie werden außerdem feststellen, welche Anteile anderer Persönlichkeitstypen Sie in sich vereinen. Wenn Sie in der Rubrik Choleriker sowohl bei den Stärken als auch den Schwächen jeweils 35 Punkte erzielen, gibt es keinen Zweifel. Sie sind durch und durch ein willensstarker Choleriker. Aber wenn Sie zum Beispiel 16 Kreuze unter Choleriker und 14 Kreuze unter Melancholiker zählen und fünf weitere Kreuze irgendwo verteilt sind, sind Sie ein willensstarker Choleriker mit einem starken Anteil eines perfektionistischen Melancholikers.

In Anhang B finden Sie eine gesonderte Version sowohl dieses Auswertungs- als auch des Bestimmungsbogens. Machen Sie sich Kopien davon und nehmen Sie sich mit Ihrer Familie Zeit, damit jedes Familienmitglied einen dieser Bögen ausfüllen kann. Bei kleinen Kindern gilt der Test nur als Anhaltspunkt. Sie werden jedoch in diesem Buch etwas später weitere Tipps bekommen, wie Sie das Persönlichkeitsprofil Ihres Kindes identifizieren können. Aber zunächst schauen Sie sich Ihren eigenen Bestimmungsbogen und die Adjektive, die Sie beschreiben, an und überlegen Sie, wie diese Ergebnisse Ihren Erziehungsstil beeinflussen.

Was für Eltern sind Sie?

Mittlerweile haben Sie Ihre eigenen Schwächen und Stärken herausgefunden. Das wird Ihnen helfen, sich selbst als Elternteil besser zu verstehen und zu erkennen, warum Sie mit dem einen Kind besser zurechtkommen als mit dem anderen.

Die beliebten Eltern (Sanguiniker)

Beliebte Eltern wollen Spaß haben und brauchen stets ein Publikum. Wenn ihr Kind Freunde mit nach Hause bringt, werden für eine sanguinische Mutter diese Kinder möglicherweise zu einem Publikum und sie ist der Star. Allerdings kann eine nicht interessierte Kinderschar aber auch den Charme der Mutter versiegen lassen, weil Sanguiniker ihren Selbstwert aus der Bewunderung ihrer Umwelt beziehen. Denn warum soll man liebenswert und freundlich sein, wenn keiner mit Bewunderung reagiert?

Als ich Yola auf einer Party traf, fiel mir wieder ein, wie sie mich vor etwa zehn Jahren um Hilfe gebeten hatte. Sie hatte mich über die verschiedenen Temperamente sprechen hören und hatte sich gefragt, warum sie mit ihrem Sohn nicht besonders gut zurechtkam. Yola, eine strahlende Sanguinikerin, hatte einen melancholischen sechsjährigen Sohn. Als wir über ihn sprachen, stellte ich sehr schnell fest, dass er mit Yolas Humor einfach nichts anfangen konnte. Sie wurde immer noch ganz ärgerlich, als sie mir von ihren lustigen Unternehmungen berichtete, auf die ihr Sohn mit keinem Blick reagierte. Sie hatte den Anspruch gehabt, die kluge Komödiantin zu sein, aber ihr Publikum war gelangweilt oder beleidigt gewesen.

Es gibt für Sanguiniker nichts Schlimmeres, als wenn sie von ihrer Familie ignoriert oder nicht für voll genommen werden. Ich sprach mit Yola darüber und sie stellte fest, dass sie sich fast umbrachte, um ihrem Sohn zu gefallen. Dabei fand er sie jedoch keineswegs unliebenswert. Aber je weniger er applaudierte, umso mehr strengte sie sich an. Als sie schließlich erkannt hatte, was sie mit ihrem Verhalten anrichtete und sich mehr zurückhielt, so erklärte sie mir später, kam ihr Sohn mehr und mehr auf sie zu. Inzwischen ist er fast erwachsen und sie verstehen sich prächtig. Ohne Kenntnis der vier Persönlichkeitsprofile werden wir uns immer wieder wundern, warum nur jeder Vierte die Dinge genauso sieht wie wir. Mit dieser Grunderkenntnis werden wir andere Menschen besser verstehen, egal ob sie so sind wie wir oder nicht.

Sanguinische Eltern lieben die Show und möchten ihre Starrolle nicht verlieren. Sie stehen gern im Vordergrund und fühlen sich für die mühevolle Kleinarbeit im Hintergrund nicht gern verantwortlich. Verantwortung ist nicht unbedingt ein positiver Wert in den Köpfen sanguinischer Eltern. Darum halten andere Temperamente sie oft für oberflächlich. Fehler, die anderen möglicherweise peinlich sind, werden dagegen zu einem faszinierenden Stoff für den unerschöpflichen Fundus an Unterhaltungsstorys von Sanguinikern.

Eine leichtherzige, möglicherweise etwas flatterhafte Sanguinikerin aus Phoenix gab einmal eine Geschichte zum Besten, die eine andere, ernsthaftere Person wahrscheinlich schamhaft in der Versenkung gelassen hätte. Zum sechsten Geburtstag ihres Neffen hatte sie ihm ein herzförmiges Kissen gekauft, das er als Tröster für die ersten gezogenen Zähne benutzen sollte. Sie packte es in eine Schachtel, umwickelte sie mit Geschenkpapier, schickte das Päckchen nach Tennessee und war ganz stolz auf ihr ausgefallenes Geschenk. Einige Zeit später riefen die Eltern des Kindes an und berichteten, dass die Schachtel leer gewesen sei. Was war geschehen? Der arme Aaron hatte in sein Paket geguckt und geguckt, aber nichts gefunden. Unsere völlig verwirrte Freundin konnte sich jedoch nicht erklären, was passiert war. Schließlich konnte sie sich genau erinnern, dass sie das Kissen in die Schachtel gepackt hatte. Wo war es geblieben? Nach einigem Suchen fand sie es, und es lag sogar in einer Schachtel – allerdings in der Abstellkammer. Irgendwie hatte sie die falsche Schachtel verschickt – eine leere Schachtel!

Sanguinische Väter und Mütter werden von Kindern mit ähnlichem Temperament, die mitlachen können, heiß geliebt. Melancholische Kids sind von solchen Eltern jedoch meist überfordert!

Die willensstarken Eltern (Choleriker)

Ein willensstarker Elternteil wird in jeder Lebenslage sofort zum Kommandeur. Der Einsatz für seine Familie ist ihm angeboren. Eine cholerische Mutter zum Beispiel hält ihre Truppe stets zusammen und erteilt Befehle. Denn ein Choleriker glaubt nun einmal, wenn jeder das tut, was er sagt – und zwar sofort –, ist die Welt in Ordnung. Der cholerische Vater wiederum gibt in seinem Berufsalltag feste Anweisungen und duldet keinen Widerspruch und dasselbe erwartet er auch zu Hause. Oftmals ist ein cholerischer Partner mit einem friedliebenden Menschen verheiratet, der sich im Traum nicht mit ihm anlegen würde, wodurch ersterer die Familie fest im Griff hat. Das Heim von starken Eltern ist wie ein Geschäftshaushalt, in dem alles schnell erledigt wird, es sei denn, jemand leistet Widerstand.

Ein solcher Haushalt ist nicht nur gut in Schuss, es wird auch nicht gefaulenzt. So kommt es, dass cholerische Eltern ständig arbeiten – auch in ihrer Freizeit. Diese Menschen lieben keine

Ruhe. Für Sie ist Ausruhen vielmehr Sünde, die man meiden muss.

Ein besonders willensstarker Vater nahm einmal seine Kinder mit nach Disneyland. Er fand es sehr edelmütig von sich, dass er seine wertvolle Zeit dem Vergnügen seiner Familie opferte. Als er die Karten kaufte, sagte er jedem, wie teuer sie waren. (Der willensstarke Choleriker kann nichts tun, ohne den Wert seines Tuns zu benennen. Immer, wenn meine Schwiegermutter mir etwas schenkte, sagte sie: „Geh vorsichtig damit um, es war sehr teuer.") Dieser Mann war also mit seinen Kindern nach Disneyland gefahren, damit sie ihren Spaß hatten. Doch nach einer Stunde brach ein Unwetter los und seine Frau und die Kinder wollten zurück zum Auto.

„Was denkt ihr euch eigentlich?", fragte er daraufhin. „Wir haben eine Menge Geld bezahlt und wir werden uns doch durch das bisschen Regen nicht den Spaß verderben lassen. Los, ihr geht jetzt auf die Spielgeräte und amüsiert euch. Wir schmeißen das Geld nicht zum Fenster raus!"

Als die friedliebende Frau dieses Mannes mir diese Geschichte erzählte, hätte ich zugleich weinen und lachen können. „Kannst du dir vorstellen, wie man im strömenden Regen auf einer Achterbahn Spaß haben soll, wenn du nichts vor Augen siehst und deine Kinder weinen, weil sie nach Hause wollen?", fragte sie mich. Dieser willensstarke Mann hatte nicht nur seine Ausgaben voll ausgeschöpft, sondern er hatte damit auch noch einen weiteren Vorteil erzielt: Seine Familie hat ihn nie mehr gebeten, mit ihr nach Disneyland zu fahren!

Die Stärke von cholerischen Eltern liegt im schnellen Handeln und Motivieren. Dafür verlangen sie als Gegenleistung von ihrem Umfeld sofortigen Gehorsam. Wer aber unterschiedliche Persönlichkeiten akzeptieren lernt und nicht darauf besteht, dass alle nur nach seiner Pfeife tanzen, kann als Choleriker lernen, die Spannung abzubauen, die automatisch entsteht, sobald er nach Hause kommt. Merken Sie sich als Choleriker, dass drei Viertel der Menschheit nicht Ihren Antrieb, Ihren Schwung, Ihr Durchhaltevermögen und Ihre Arbeitsfreude besitzt. Das macht andere Menschen nicht schlechter, sondern nur anders.

Die perfekten Eltern (Melancholiker)

Perfekte Väter und Mütter sind so, wie alle gerne sein möchten: sauber, ordentlich, organisiert, pünktlich, tiefgründig, analytisch, genau, aufopfernd, talentiert, mitfühlend, musikalisch, geduldig, künstlerisch, kreativ, poetisch, sensibel, ernsthaft und standfest. Was will man mehr? Für diese Eltern ist das Großziehen von Kindern quasi eine Lebensaufgabe. Keine anderen Persönlichkeitstypen setzen sich so sehr für eine perfekte Kindererziehung ein.

Oft lehnen perfektionistische Eltern die vier Temperamente als Hilfsmittel ab. Es erscheint ihnen zu einfach. Sie sehen darin ein Schubladendenken und finden keinen Anhaltspunkt dafür in der Bibel. Sollten sie jedoch bereit sein, dieser Idee eine faire Chance zu geben (immerhin sind Melancholiker Analytiker), stellen sie fest, das sich mit dieser einfachen Methode komplexe Zusammenhänge erklären lassen. Sie stellen fest, dass eine Etikettierung dazu dient, Temperamente in verständliche Einheiten zu ordnen. So wird die Theorie zu einem brauchbaren Mittel, dem Gebot der Bibel zu folgen, dass man sich selbst hinterfragt, um so seine Sünden, Fehler und Schwächen zu erkennen und den Herrn um Vergebung zu bitten.

Haben Perfektionisten erst einmal die Anwendung der vier Temperamente erprobt, sind sie begeistert, wie einfach sie diese Erkenntnis an ihre Familie und andere weitergeben können. Zum ersten Mal im Leben versteht die tiefgründige Melancholikerin, warum andere Menschen nicht denken wie sie. Zuvor dachte sie, jeder müsse so perfekt sein wie sie und war der Ansicht, dass auch jeder gerne so perfekt sein möchte, wenn er nur wüsste, wie. Viele haben sich aufgeopfert, Gott dabei zu helfen, andere so umzuformen, wie sie es für Gottes Wille hielten. Was für eine umwerfende Erfahrung zu erkennen, dass nur ein Viertel der Menschheit die Fähigkeit oder den Wunsch hat, alles perfekt zu machen! Melancholische Eltern sollten sich das vor Augen halten. Anderenfalls riskieren sie, dass sie Kinder großziehen, die trotz aller Bemühungen nicht in eine perfekte Form passen.

Die friedliebenden Eltern (Phlegmatiker)

Friedliebende Eltern haben eine freundliche, beherrschte, geduldige, ausgeglichene, sympathische Wesensart, die einen Vater oder eine Mutter angenehm und akzeptabel macht. Sie argumentieren oder streiten nicht, sie verlangen keine großen Leistungen, sie schlagen nicht und sie sind nie unvernünftig oder hysterisch. Was braucht ein Kind mehr? Viele kleine Kinder wären froh, sie könnten ihre dramatischen, emotionalen, aufgeschlossenen Mütter dagegen austauschen oder ihren diktatorischen, temperamentvollen, mächtigen Vater oder ihre kritischen, pingeligen, perfektionistischen Eltern zu friedliebenden Beschützern machen.

Diese unkomplizierten Väter und Mütter weisen trotzdem einige Mängel auf. Wenn phlegmatische Eltern keine Richtlinien für Zucht und Ordnung aufstellen und darauf bestehen, kann ein sanguinisches Kind sich charmant durchmogeln und ein cholerisches Kind wird über kurz oder lang die gesamte Familie beherrschen. Friedliebende Eltern müssen sich regelrecht dazu zwingen, einige Energie in das Verhältnis zu ihren Kindern zu investieren, anderenfalls wird es keine Kommunikation untereinander geben. Phlegmatische Eltern, die sich in ihre eigene Welt zurückziehen und ihre elterliche Verantwortung nicht mehr wahrnehmen, tun ihren Kindern keinen Gefallen.

Die meisten Konflikte und Missverständnisse zwischen Eltern und Kindern entstehen bei gegensätzlichen Temperamenten: Phlegmatische Kinder können cholerische Eltern unglaublich frustrieren und melancholische Kinder werden von sanguinischen Eltern sehr oft missverstanden. In Teil zwei dieses Buches werde ich dies anhand von wahren Begebenheiten aus dem Leben von Kindern und ihren Eltern näher erläutern. Aber zunächst müssen Sie lernen, wie Sie das Temperament Ihres Kindes erkennen können, damit Sie sich anschließend in den einzelnen Szenen wieder finden.

Zuhören ist alles

Ihre Kinder brauchen übrigens nicht erst erwachsen zu werden, bevor sie ihr Temperament herausfinden. Allerdings sollten Sie erst genau gelernt haben, auf welche Weise sie es bestimmen können. JoAnn Hawthorn, Erzieherin an einem Kindergarten, sagte mir, es wäre für sie nicht schwierig das Temperament ihrer kleinen Schüler zu erkennen: „Wenn Mütter über die vier Temperamente Bescheid wissen, müssen sie ihre Kinder nur intensiv beobachten. Sie sagen ihnen schon, wer sie sind, wenn sie ihnen einfach nur aufmerksam zuhören."

Sonnige Sanguiniker

Sanguinische Kinder haben viel Ausstrahlung und sind sehr lebendig. Das Wort Spaß kommt bei ihnen oft vor. JoAnn erzählte mir von einer Dreijährigen, die, bevor sie den Klassenraum verließ, sich noch einmal umdrehte und sagte: „Mrs. Hawthorn, Jack hat überhaupt keinen Spaß. Wir müssen ihm helfen."

Aufgeschlossene sanguinische Kinder lachen sehr viel, machen gern Spaß und sind am liebsten unter Menschen. Meine Tochter Marita zum Beispiel unterhielt von ihrem zweiten Lebensjahr an bei jedem Fest die gesamte Gesellschaft.

Sanguinische Kinder sind von ihrer Erbanlage her leichtherzig, lustig und energiegeladen. Sie können sich jedoch schlecht organisieren oder an bestimmte Anweisungen erinnern. Mit Vorliebe erzählen sie lustige Geschichten, weil sie sich einen sofortigen Beifall darauf versprechen. Das wiederum verleitet sie gern dazu, nicht immer bei der Wahrheit zu bleiben. Sie lassen sich für alles Neue begeistern, das ihnen über den Weg läuft, arbeiten aber nur mit, wenn sie auch genug Anerkennung dafür erhalten. Oft sind sie nicht sehr verlässlich und wenden sich schnell einer neuen Sache zu, die mehr Spaß verspricht.

Kontrollierende Choleriker

Cholerische Kinder haben ihren eigenen Kopf und meinen, ihre Ideen seien besser als die der Autoritätspersonen. So kann es passieren, dass die kleine Anna auf die Anweisungen ihrer Erzieherin antwortet: „Ja, das wollte ich auch. Also fangen wir an!“, sogar wenn es etwas war, was ihr nicht gefiel.

Der willensstarke Choleriker erteilt Befehle, sobald er sprechen kann. Unser kleiner Enkel Bryan schaute mit seinen 21 Monaten eines Abends auf meinen Mann, zeigte mit seinem Zeigefingerchen neben sich und erklärte: „Opa hier!“ Fred rückte sofort an seine Seite und Bryan wusste, er hatte Opa im Griff.

Sollten Sie ein cholerisches Kind haben, hat es bestimmt schon versucht, Sie und seine Geschwister zu beherrschen. Choleriker sind Führernaturen, in jeder Hinsicht fordernd und gewöhnlich im Recht. Sie wollen gewinnen und lassen sich durch nichts davon abhalten, eine Sache bis zum Ende durchzuziehen. Choleriker sind immer gute Arbeiter, so lange sie sich bestätigt fühlen. Sie bestimmen sofort, wenn sie keine feste Hand spüren oder es Machtkämpfe zwischen den Eltern gibt. Ein cholerisches Kind lässt sich nicht von seinen Eltern einschüchtern, nur weil sie größer sind.

Eine Dame erzählte mir einmal, wie sie ihren cholerischen dreijährigen Sohn bändigen wollte. Sie bat ihn, er solle die Treppe herunterkommen. Doch er wollte nicht. Sie wiederholte ihre Bitte dreimal und erhielt immer die gleiche Antwort. Schließlich stemmte er seine kleinen Fäuste in die Hüften und rief: „Zum letzten Mal: *Nein!*“ Cholerische Kinder geben nicht leicht auf!

Minutiöse Melancholiker

Melancholische Kinder sind der Traum aller Lehrer. Sie gehen gern zur Schule, arbeiten ruhig vor sich hin und halten ihre Sachen in Ordnung. Werden zehn Filzstifte ausgeteilt, zählt ein melancholisches Kind sie sofort – möglichst zwei Mal – durch, sortiert sie nach Farben, legt sie ordentlich nebeneinander vor sich hin und verkündet: „Nun bin ich so weit. Wir können anfangen.“

Der perfektionistische Melancholiker ist ein wohl erzogenes Kind. Ein Blick genügt und es lässt sich mit den Augen leiten. Schon als Krabbelkind beginnt es, sein Spielzeug in Reihen zu ordnen. Unser Sohn Fred setzte jeden Tag alle seine Stofftiere in einer bestimmten Ordnung auf sein Bett. So wusste er sofort, wenn jemand sie angefasst hatte.

Wenn Sie es mit einem melancholischen Kind zu tun haben, werden Sie sich immer wieder fragen, warum es nie richtig glücklich ist. Und doch fühlen Melancholiker sich nicht unglücklich. Sie haben nur ein anderes Niveau für Glücksempfinden. Sie mögen keinen Lärm und kein Durcheinander und sind am liebsten die meiste Zeit für sich allein. Diese Kinder machen ihre Arbeit perfekt, so lange man ihre Fähigkeiten zur Kenntnis nimmt und nicht zählt, was fertig geworden ist. Lassen Sie diese Kinder allein arbeiten, wenn sie es wünschen. Denn andere Menschen um sie herum bringen sie nur durcheinander und frustrieren sie, weil sie in ihren Augen nichts richtig machen. Diese Kinder gehören zu den besten Schülern und man sollte Ihnen unbedingt die Möglichkeit zum Kunstunterricht, erlernen eines Instrumentes oder zum Theaterspielen einräumen. Melancholiker sind normalerweise außergewöhnlich talentiert.

Pflegeleichte Phlegmatiker

Phlegmatische Kinder sind leicht zu haben und tun meistens das, was man von ihnen verlangt. Aber sie reißen sich nicht unbedingt um die Arbeit und unter ihrer Oberfläche haben sie einen festen Willen. Wenn sie ihren sturen Tag haben, lässt sich mit ihnen nichts anfangen. Einmal schaute ein phlegmatischer Junge JoAnn an und sagte schlicht: „Heute habe ich dazu keine Lust." Und dabei blieb er.

Das pflegeleichte phlegmatische Kind möchte normalerweise mehr gefallen als alle anderen Kinder. Mein Schwiegersohn Randy, ein Phlegmatiker, ging bereits als sehr kleines Kind oft mit seinen Eltern abends aus. Das war möglich, weil er stets ruhig sitzenblieb, wo man ihn hinsetzte und keine Schwierigkeiten machte.

Wenn Sie ein phlegmatisches Kind haben, haben Sie es mit der Erziehung sehr leicht, denn es mag keine Schwierigkeiten. Gewöhnlich tut es, was man ihm sagt, aber es achtet sehr genau darauf, ob es sich dabei um Arbeit handelt. Wenn man nicht aufpasst und die Arbeit selbst tut, meint es, dass es, so lange es friedlich bleibt und einen willigen Eindruck macht, auch nicht viel tun muss. Ein solches Kind hat einen trockenen Humor und ist leicht zufrieden zu stellen.

Wenn das Kind zum Teenager heranwächst und Sie feststellen, dass es keine Ziele hat oder heiße Wünsche hegt, machen Sie sich vielleicht Sorgen und fragen sich: Was haben wir nur falsch gemacht? Ich habe gelernt, dass Phlegmatiker einseitig interessierte Kinder sind. Darum ist es unsere elterliche Aufgabe, dieses Interesse herauszufinden und ihnen zu helfen, ihre Talente zu entfalten. Mein phlegmatischer Schwiegersohn hat immer schon gerne Briefmarken und Münzen gesammelt. Bereits als Zehnjähriger hat er Bücher über die unterschiedlichen Prägungen gelesen und in einem Münzenladen gearbeitet und heute ist er der Chef eines solchen Ladens. Vernachlässigen Sie Ihre pflegeleichten Kinder nicht! Finden Sie vielmehr ihre Interessen heraus und fördern Sie sie.

Wenn Sie aufmerksam zuhören, werden Sie verstehen lernen, was in ihren Kindern vorgeht. Fragen Sie sie, was sie über andere denken, über Sie und über ihren Lehrer. Erzählen sie von dem Spaß, den sie gehabt haben? Sagen sie Ihnen, was Sie zu tun haben? Streben sie nach Perfektion? Oder sind sie einfach zufrieden? Sie werden es Ihnen sagen, wenn Sie sich Zeit zum Zuhören nehmen. Und anschließend können Sie ihre emotionalen Bedürfnisse befriedigen und sie davor schützen, dass sie ein Leben lang danach suchen, was sie als Kind nicht bekommen haben.

Gott hat Kinder aller Art erschaffen. Unsere Aufgabe ist es, sie zu lieben und sie so zu nehmen, wie sie sind. Wir dürfen nicht versuchen, sie nach unseren Vorstellungen zu prägen. Wenn Sie erst einmal die Persönlichkeitsprofile erkannt haben, will Ihnen dieses Buch dabei helfen, jedes Kind gemäß seiner besonderen Stärken unterschiedlich zu fördern, selbst wenn seine Wesensart Ihren Vorstellungen und Erwartungen nicht entsprechen sollte.

Wir wollen keine in Sandkastenförmchen gepressten Kinder, die alle das Gleiche sagen und tun. Vielmehr wünschen wir uns Kinder, die nach ihrer eigenen einmaligen Persönlichkeitsstruktur frei reagieren und agieren. Wer die Persönlichkeit seines Kindes versteht, und hoffentlich auch seine eigene, kann Kinder effektiver erziehen, ihre Werte achten und sie darin unterstützen, den Weg zu gehen, der am besten zu ihrem Naturell passt.

Wir fassen zusammen

Sue, eine junge Therapeutin in einem Heim für verwahrloste und verwaiste Kinder, hörte bei CLASS (Seminar für christliche Leiter, Autoren und Redner) von den verschiedenen Temperamenten. Sie war so begeistert, dass sie nach dem Seminar die Kinder ihrer Gruppe entsprechend der vier Temperamente aufteilen wollte. Um dies zu erreichen, stellte sie den Kindern zunächst ein paar einfache Fragen. Eine Frage lautete zum Beispiel: „Wer oder was möchtest du in dieser Welt sein, wenn du frei wählen könntest?" Hier einige Antworten darauf:

- Aufgeschlossene *sanguinische* Kinder wollten Schauspieler, Komödianten, TV-Stars in Vorabendserien, Cheerleader, Verkäufer, Cinderella oder Miss Piggy sein.
- Willensstarke *cholerische* Kinder wollten König oder Königin sein, Präsident, Hitler, sie wollten große Häuser und dicke Autos besitzen, Autobahnpolizisten und Fußballspieler werden.
- Perfektionistische *melancholische* Kinder träumten sich in die Rolle von Musikern, Künstlern, Dichtern, Bankerdirektoren, in die Rolle von Mozart in Amadeus und des Katers Garfield.
- Friedliebende *phlegmatische* Kinder wollten reich sein, damit sie nicht zu arbeiten brauchten, sie wollten an Seen leben mit Ruderbooten und Kanus, Golfprofis werden und lange Ferien und mehr Pausen haben.

Bei ihrer Arbeit mit den vier Gruppen stellte Sue fest, dass sich aufgeschlossene Kinder durch viel Lob motivieren ließen; willensstarke Kinder wollten Anerkennung bekommen für das, was sie geschafft hatten; perfektionistische Kinder wollten beachtet und ermutigt werden, wie schön sie ihre Aufgaben erledigten; und die friedliebenden Kinder brauchten eine langsam wachsende vertrauensvolle Beziehung, die ihnen die Sicherheit gab, dass man sie schätzte.

Sues Kolleginnen und Kollegen waren von der wachsenden Begeisterung in Sues Gruppe so beeindruckt, dass sie ebenfalls lernen wollten, mit den vier Temperamenten zu arbeiten. Ein unerwartetes positives Nebenprodukt der Einteilung in vier Untergruppen ergab, dass sie unsicheren Kindern eine Identität verlieh. Zum ersten Mal in ihrem Leben gehörten sie zu einer positiven Einheit. Sie wurden richtige Persönlichkeiten.

Bei meinen Beratungsgesprächen mit depressiven Teenagern hörte ich immer wieder folgende Klage: „Ich bin niemand." Sie wissen nicht, wer sie sind und sie behaupten steif und fest, dass ihre Eltern von ihnen noch weniger wüssten als sie selbst. Dieser Mangel an Identität und Selbstwert treibt einige dieser Teenager in Sekten, in denen sie wärmstens willkommen geheißen werden und wo sie sich in der Gruppe wohlfühlen.

Es wäre doch großartig, wenn wir unseren Kindern helfen könnten herauszufinden, wer sie sind, und noch besser wäre es, wenn wir sie genau so akzeptieren würden, wie sie sind und nicht, wie wir möchten, dass sie werden sollen. Sobald Sie Ihr eigenes Temperament verstehen und das Ihres Kindes, können Sie als Vater oder Mutter Ihrem Kind helfen, seine Stärken zu entwickeln und seine Schwächen zu überwinden. Auf diese Weise wird es eine lebenstüchtige, vertrauensvolle und zukunftsorientierte Persönlichkeit.

Teil II

Mit den vier Temperamenten leben

Kapitel 3

Die Eigenschaften eines sonnigen Sanguinikers

Der Sanguiniker

Die beliebte Persönlichkeit
extrovertiert – redet viel – optimistisch

Emotionale Bedürfnisse

Aufmerksamkeit, Zustimmung, Herzlichkeit,
Akzeptanz, Umgebensein von Menschen und Aktion

Er meidet

langweilige Aufgaben, Routine, Kritik,
Genauigkeit, hochgesteckte Ziele.

Stärken im Babyalter

- strahlt mit großen Augen
- neugierig
- gurgelt und gurrt
- will Gesellschaft
- will auf den Arm
- reagiert auf die Umwelt

Schwächen im Babyalter

- schreit nach Aufmerksamkeit
- weiß, dass es niedlich ist
- greift nach allem
- schreit, wenn es nicht hochgenommen wird oder müde ist

Stärken im Kleinkindalter

- mutig und eifrig
- unbekümmert
- einfallsreich und fantasievoll
- liebenswert
- begeisterungsfähig
- will Spaß
- redet ständig
- lässt sich nicht unterkriegen
- lässt sich durch andere anspornen

Schwächen im Kleinkindalter

- kein Durchhaltevermögen
- unorganisiert
- leicht abgelenkt
- kurze Konzentrationsspanne
- emotionales Rauf und Runter
- verlangt nach Anerkennung
- bleibt nicht bei der Wahrheit
- vergesslich

Stärken im Teenageralter

- mitreißend
- charmant
- wagt etwas
- liebt Gruppen und Vereine
- aufgeschlossen
- liebt Partys
- kreativ
- möchte gefallen
- umgänglich

Schwächen im Teenageralter

- täuscht etwas vor
- fantasievolle Entschuldigungen
- leicht beeinflussbar
- spielt sich in den Vordergrund
- braucht Zustimmung von Gleichaltrigen
- schauspielert
- lernt nicht gern
- unreif
- geschwätzig

Die zweijährige Heather langweilt sich mit ihrer Juniortüte bei McDonalds, steht auf, schaut sich mit ihren blauen Augen nach den übrigen Gästen um, breitet ihre Ärmchen aus, als wolle sie die Welt umarmen und ruft mit einer Stimme, die auf jedes Mikrophon verzichten kann: „Hallo, Leute!"

Aufgeschlossene Sanguiniker haben von Kindheit an ein unstillbares Verlangen nach Spiel und Spaß. Ihre fröhliche Neugier treibt sie zu anderen Menschen und sie sind glücklich, so lange sie lachen können und ihr Publikum ihnen applaudiert. Mit einem schelmischem Blitzen in den Augen halten diese kreativen Kinder jeden Erwachsenen mit ihren Mätzchen in Atem. Sanguiniker scheinen immer besonders viel Spaß zu haben, darum scharen sich andere gerne um sie herum. Und sie wiederum genießen die Aufmerksamkeit, die man ihnen schenkt.

Aufmerksamkeit, Anerkennung, Akzeptanz und Zärtlichkeit

Von Geburt an lieben Sanguiniker Menschen und verlangen nach Aufmerksamkeit. Sanguinische Babys wollen von Zimmer zu Zimmer getragen werden und weinen oft, wenn man sie alleine lässt. Als Kinder und Teenager brauchen sie es, dass man ihnen in die Augen schaut und ihnen zuhört. Für sie ist das Leben eine Bühne, auf der sie die Stars sind. Sie brauchen einfach ihr Publikum, das ihnen zuhört und antwortet. Ein Tipp: Das Leben wird für Sie als Mutter mit Ihrem sonnigen Kind leichter, wenn Sie sich immer mal wieder hinsetzen und ihm einige Zeit zuhören, anstatt das Kind mit den Worten: „Bitte jetzt nicht" zur Seite schieben.

Das zweite große Bedürfnis Ihres sanguinischen Kindes ist Anerkennung. Ohne von jeder Kleinigkeit Notiz zu nehmen, die das sanguinische Kind erledigt und es dafür zu loben, gibt es schnell auf und versucht nicht länger zu gefallen. Für ein sanguinisches Kind ist Kritik und Ignoranz wie Wasser auf lodernde Flammen. Es will, dass seine Gedanken und seine Taten für Sie eine „große Sache" sind. Haben Sie bitte keine Angst, dass Ihr Kind durch Lob stolz werden könnte. Ich habe leider mit sehr vielen verzweifelten Teenagern gesprochen, denen das Lob in ihrem

Leben sehr gefehlt hat. Und von zu viel Lob ist noch keiner zu Schaden gekommen.

Sanguinische Kinder brauchen mehr Zärtlichkeit als alle anderen. Liebe bedeutet für sie Umarmung, Küssen und Händchenhalten. Natürlich wollen sie als Teenager nicht mehr öffentlich umarmt werden, aber sie brauchen auch in diesem Alter beständig die Bestätigung Ihrer Liebe.

Und zu guter Letzt brauchen sanguinische Kinder Ihre Akzeptanz. Sie wollen so angenommen sein, wie sie sind und nicht, wie sie eines Tages werden könnten, wenn sie fleißig genug daran gearbeitet haben, Ihnen zu gefallen. Wenn sie mit sehr tüchtigen Geschwistern aufwachsen, die viel Lob und Anerkennung bekommen, haben sanguinische Kinder häufig das Gefühl, dass sie für ihre Eltern nicht gut genug sind, wenn sie nicht wie ihre Geschwister werden. Sanguiniker, die sich von Ihren Eltern nicht akzeptiert fühlen, werden versuchen, jemanden zu finden, der sie so nimmt, wie sie sind. Das kann sie schließlich in ungesunde Abhängigkeiten führen.

Die Eltern der sanguinischen Susi sind beide sehr erfolgreich und haben ein überdurchschnittliches Einkommen. Susi hat ihr eigenes sehr schönes Zimmer in einem großen Haus. Oberflächlich gesehen lebt sie im Luxus, aber ihre Eltern sind so beschäftigt, dass sie wenig Zeit für ihre Tochter haben. Sie wird zwar von einer ganzen Reihe von Angestellten gut versorgt, doch Susi braucht die Aufmerksamkeit ihrer Eltern. Doch diese haben keine Zeit, sich ihre endlosen Geschichten anzuhören. Wenn sie mit Susi reden, sagen sie ihr nur, wie sie ihre Sachen besser aufräumen soll. Auch die gemeinsamen Mahlzeiten sind zu Korrekturveranstaltungen geworden, was Susi vollkommen entmutigt. Durch dieses Übermaß an Kritik ohne Anerkennung hat Susi mittlerweile das Interesse verloren, überhaupt noch irgendetwas richtig zu machen.

Susi möchte so gern, dass ihr Vater Notiz von ihr nimmt, seinen Arm um sie legt und sie öfter an sein Herz drückt. Einmal hat sie ihn gefragt, ob er sie liebe. Er antwortete: „Natürlich! Warum, glaubst du, haben wir dich denn, wenn wir dich nicht gewollt hätten?!" Diese geschäftsmäßige Antwort half Susi nicht viel. Sie wollte vielmehr eine Zusicherung der Zuneigung ihres Vaters.

Stattdessen blieben bei ihr Zweifel und sie fragte sich: „Hätten meine Eltern lieber ein anderes Kind gehabt? Sie haben keine Zeit für mich. Nichts mache ich ihnen recht.“ Aus der Vermutung heraus, dass ihre Eltern sie offensichtlich nicht lieben, hat Susi für sich den Schluss gezogen: „Ich glaube nicht, dass sie mich so mögen, wie ich bin.“

Susis Schlussfolgerungen haben ihr auch in der Schule in Bezug auf zwischenmenschliche Beziehungen nicht gerade geholfen. Die Lehrer sind durch ihr ständiges Geschwätz verärgert, denn ihre Art, wie sie nach Aufmerksamkeit verlangt, geht ihnen auf die Nerven. Immer mehr wird sie zum Klassenclown und bringt die anderen zum Lachen, doch leider lachen sie eher über sie als mit ihr. Schließlich hat sie sich aus ihrem Wunsch nach einem Menschen, der sie liebt, mit unangenehmen Typen zusammengetan, weil diese sie offensichtlich so akzeptieren, wie sie ist.

Werden für Susi ihre viel beschäftigten Eltern zum Verhängnis? Nicht zwangsläufig, obwohl Eltern sanguinischer Kinder aufpassen müssen, dass sie ihre Kids nicht zu sehr vernachlässigen. Verbringen Sie viel Zeit mit diesen Kindern und zeigen Sie ihnen ihre Zuneigung. Sie müssen wissen, dass sie von Herzen so akzeptiert werden, wie sie sind. Für Sanguiniker sind Aufmerksamkeit, Anerkennung, Zärtlichkeit und Akzeptanz lebensnotwendig. Es ist ihr täglich Brot und sie sind immer hungrig. Vergessen Sie nicht, sie zu füttern!

Sanguinischer Charme

Sanguinische Kinder können ihre Eltern so um den Finger wickeln, wie es ihren Geschwistern nie gelingen würde. Anne wollte unbedingt für ihr Schulprojekt eine neue bunte Mappe haben, doch eigentlich brauchte sie keine neue Mappe, denn sie hatte eine Mappe, die noch ganz in Ordnung war. Aber es würde viel mehr Spaß machen, eine neue Mappe mit einem hübschen Muster oder sogar mit einem selbstgestalteten Umschlag zu präsentieren. Während Anne zu Bett ging, sprach sie mit ihrer Mutter über das Für und Wider einer solchen Anschaffung. Ihre Mutter war fest entschlossen, keine neue Mappe zu kaufen. Darauf sprach

Anne folgendes Nachtgebet: „Danke, lieber Gott, dass Mama mit mir morgen eine neue Mappe einkauft." Der Rest des Gebets bestand aus begeistertem Dank für ihre Mutter. Die Mutter wollte gerade das Gebet mit der Bitte um einen guten Schlaf für ihr Kind abschließen, als die Kleine hochsprang und das Gebet der Mutter unterbrach: „Und ich möchte dir noch einmal danken, dass Mama morgen mit mir eine neue Mappe kauft." Sie werden es längst erraten haben – Anne erhielt ihre wunderschöne bunte neue Mappe.

Dem Charme eines Sanguinikers kann man kaum widerstehen. Doch als deren Eltern müssen wir bei dem bleiben, was wir sagen, oder diese durchsetzungsfreudigen Kinder lernen schon sehr früh, dass ein Nein Folgendes bedeutet: „Bitte noch einmal etwas intensiver und liebevoller und zieh dir dabei möglichst den lieben Gott auf deine Seite."

Sanguiniker haben auf alles eine Antwort

Es ist sehr schwierig, Sanguiniker zu überzeugen, weil sie auf alles eine Antwort wissen und sich dabei auch noch für witzig halten. Wenn andere ihren Humor nicht teilen, versuchen sie es umso hartnäckiger. Die aufgeschlossene Sally zum Beispiel machte unseren Persönlichkeitstest und pickte all die Eigenschaften heraus, die ihr gefielen, denn so wollte sie gerne sein. Ihr skeptischer melancholischer Mann überprüfte ihren Punktestand und meinte, er könne nicht stimmen, weil Sallys Punkte mehr als 100 Prozent ergaben. Sally sah das nicht ein und überredete ihren Mann schnell zu einem eigenen Test. Sein Ergebnis lag bei etwas unter 100 Prozent und er wies sie erneut auf ihren Fehler hin.

„Das ist aber doch ganz einfach, Liebling", erklärte Sally ihm. „Ich bin einfach eine stärkere Persönlichkeit als du!" Anschließend zog sie glücklich über ihr gutes Ergebnis von dannen, während ihr Mann tagelang deprimiert über sein eigenes Ergebnis nachgrübelte.

Sie können Ihrem sanguinischen Kind helfen, dass es sich mit seinen impulsiven, platten Bemerkungen, die andere angreifen und verletzen können, zurückhält. Loben Sie seinen Sinn für Humor und freuen Sie sich mit ihm an seinem Witz, aber bringen

Sie ihm bei, dass es zuerst nachzudenken lernt, bevor es losredet, weil seine Worte andere verletzen können.

Der Sanguiniker als Lückenfüller

Sanguiniker reden gern und können es oft nicht ertragen, wenn mal eine Redepause eintritt. Anne ist bewusst, dass sie Gesprächspausen gerne mit ihrem eigenen Reden füllt, besonders in Situationen, wenn sie sich etwas verunsichert fühlt und nervös ist. Doch mittlerweile hat sie gelernt, vor solchen Situationen folgendes Gebet zu sprechen: „Herr, hilf mir, dass ich dem Drang, mit meinem Reden Pausen zu füllen, widerstehen kann." Und mit ihren 13 Jahren kann sie jetzt schon feststellen, dass ihre Freundinnen sie besser leiden mögen, wenn sie nicht ständig die ganze Unterhaltung an sich reißt.

Helfen Sie auch Ihrem Kind, dass es versteht, was Anne gelernt hat. Sagen Sie ihm, dass andere es mehr mögen, wenn es ihnen Gelegenheit lässt, auch einmal zu Wort zu kommen, anstatt immer selbst die Lücken zu füllen. Sanguiniker reden liebend gern und finden, dass das, was sie zu sagen haben, interessanter ist als das, was andere sagen. Darum ist es besonders wichtig, dass sie lernen, nicht sofort zu allem ihren Kommentar abzugeben, bevor andere auch die Gelegenheit dazu bekommen.

Abenteuer

Sanguiniker können aus fast allem ein Abenteuer machen. Was für die meisten eine Sammlung ungeliebter Pflichten ist, wird für einen Sanguiniker zu einem Abenteuer. Meine Mutter stöhnte oft: „So was wie dich gibt es nicht noch einmal. Du kannst in einem Bäckerladen ein Brot einkaufen und kommst mit dem Stoff für ein ganzes Buch zurück!" Und damit hatte sie Recht!

Schon als kleines Kind konnte ich aus allem eine Geschichte machen. Die Leute, die in unser Geschäft kamen, wurden in meiner Vorstellung alle zu Darstellern meines eigenen Films. Langeweile kannte ich nicht. Immer wenn die Tür aufging und ein neuer

Kunde eintrat, drehte ich in meinem Kopf eine neue Szene. Ich brachte meinen jüngeren Brüdern bei, wie sie unsere Kunden nachahmen sollten, und an so manchen verrückten Tagen amüsierten wir uns mit unseren eigenen Sketchen. Weil ich die ständig wechselnde Besetzung beobachten konnte, hatte ich immer ausreichend Material für meine frühen schriftstellerischen Ambitionen.

Neulich fand ich eine prall gefüllte Schachtel mit meinen Aufsätzen aus meiner Schulzeit wieder. Ich war fasziniert von den vielen Abenteuern, die ich dort aufgeschrieben hatte. Für ein Kind, das nie verreist war, hatte ich wirklich ein sehr farbenfrohes Leben!

Überschwang

Sanguinische Kinder sind so emotional und impulsiv, dass sie oft stolpern, fallen oder schlabbern. Einmal hielt eine junge Familie auf einer längeren Fahrt bei McDonald‘s an. Weil sie es eilig hatten, fuhren sie beim McDrive vorbei. Die Kinder aßen im Auto und die Mutter beugte sich zu ihrem Jüngsten, einen etwa acht Jahre alten sanguinischen Jungen, nach hinten und sagte: „Versuch bitte, *nichts* auf deine Sachen schlabbern zu lassen.“

„Wann habe ich das letzte Mal versucht*, etwas auf meine Sachen schlabbern zu lassen?“, erwiderte der Sohn kauend und aß seelenruhig weiter.*

Sanguinische Kinder wollen nicht bewusst Schaden anrichten. Sie sind einfach von Natur aus anders als ihre melancholischen Geschwister. Akzeptieren Sie ihre geringe Konzentrationsfähigkeit und geben Sie ihnen nicht das Gefühl ein Versager zu sein. Helfen Sie ihnen vielmehr, mit ihrer Unachtsamkeit umzugehen und schreien Sie nicht auf, wenn sie Ihnen ein Glas Milch über den Schoß schütten.

Wie war der Name noch?

Sanguiniker können sich aus zwei Gründen schlecht Namen merken: Sie hören nicht genau hin, wenn sie den Namen zum ersten Mal hören und außerdem sind ihnen Namen nicht wichtig. Diese Kinder glauben, sie seien so entzückend, dass man bei ihnen gerne einen so winzigen Fehler, wie sich nicht an einen Namen zu erinnern, übersieht. Der fünfjährige Trent zum Beispiel traf auf dem Weg zum Spielplatz seinen neuen Freund Trevor aus der Nachbarschaft.

„Komm mit, Joseph!" rief Trent ihm zu.

„Der Junge heißt doch Trevor!", korrigierte ihn seine Mutter.

„Macht nichts, Mama. Er hat gesagt, ich darf ihn Joseph nennen", erwiderte Trent daraufhin unbekümmert.

Versuchen Sie Ihrem sanguinischen Kind beizubringen, dass es Namen mit etwas Farbigem oder Lustigem in Verbindung bringt, damit es sich diese besser merken kann. Namen sind nicht das Wichtigste im Leben, an das sich Ihr Kind erinnern sollte. Aber wenn es Namen behält, verbessert das künftig seine Beziehung zu anderen Menschen.

Sanguinische Großzügigkeit

Sanguiniker beurteilen alles nach dem Spaß, den eine Sache ihnen bringt, egal wie viel sie das kostet. Diese Perspektive frustriert ganz besonders melancholische Eltern oder Geschwister. Beverly und ihre beiden sanguinischen Töchter berichteten mir von ihrer Brotbackmaschine. Sie hatten viel Freude an dem Gerät und das Brot wurde von Mal zu Mal besser. Während sie noch von diesem Wunder der Technik schwärmten und ihre neuen Fähigkeiten bewundern ließen, seufzte Beverlys melancholischer Ehemann nur mit einem Blick auf seine Frau und seine beiden Töchter und meinte trocken: „Bei uns kostet das Brot wenigstens inzwischen nur noch fünf Euro."

Sanguinische Menschen wollen nicht gern an die Kosten Ihrer Vergnügungen erinnert werden und doch müssen Eltern ihren Kindern ein gewisses Maß an finanzieller Verantwortung beibringen.

Setzen Sie Ihrem Kind Grenzen, was es ausgeben darf, und lassen Sie es selbst entscheiden, was es dafür kaufen möchte. Sanguiniker führen nicht Buch wie ihre melancholischen Geschwister. Trotzdem können sie lernen, ihr Geld so einzuteilen, dass sie nicht ständig blank sind.

Die Kleider-Manie

Sanguinische Jungen und Mädchen schwärmen schon als sehr kleine Kinder für modische und besondere Kleidung. Ja, ihr Äußeres kann für sie sogar zur Manie werden. Sie lieben leuchtende Farben und den letzten Schrei, weil sie dadurch die Aufmerksamkeit, die sie ständig suchen, auf sich ziehen. Einmal schob der fünfjährige sanguinische Trent die Kleidung, die ihm seine Mutter für die Schule zurechtgelegt hatte, zur Seite. Stattdessen griff er nach einem knallroten Hemd mit großen Blumen, das ihm seine Großmutter aus Hawaii mitgebracht hatte. Seine Mutter fand es zu auffallend für die Schule, aber er wollte es beim besten Willen nicht mehr ausziehen und von da an am liebsten jeden Tag tragen. Er fand, dass er darin eine heiße Nummer sei – und das ist er tatsächlich!

Die vierjährige lebhafte Lynn überschüttet ihren älteren Bruder Bryan ständig mit Küssen und Bewunderung. Nun ist der dreizehnjährige melancholische Bryan ein typischer Oberschüler, dem die Meinung seiner Altersgenossen ungeheuer wichtig ist. Darum genießt er zwar zu Hause die Bewunderung seiner Schwester, aber auf keinen Fall vor seinen Freunden.

Eines Tages sagte Beth zu Lynn: „Komm, wir müssen Bryan von der Schule abholen."

Die Vierjährige fragte eifrig: „O! Was hat Bryan denn an?", und rannte zu ihrem Kleiderschrank. Beth rief ihr nach: „Beeil dich aber!", und hörte nur noch: „Ich brauche einen Hut!"

Beth konnte sich das Lachen nicht verkneifen, als Lynn zur Tür trippelte. Sie steckte in einer bodenlangen Seemannsjacke, die sie mit einem Tigerschal dekoriert hatte. Auf der Nase saß eine Fliegerbrille und auf dem Köpfchen eine mit goldenen Fäden durchzogene schwarze Samtkappe. Dazu einmalige Accessoires:

weiße Handschuhe an den Händen und eine Sandalette als Handtasche unter den Arm geklemmt. „Passe ich so gut zu Bryan?“, wollte sie wissen.

Mutter und Tochter fuhren zur Schule, wo gerade etwa 100 junge Oberschüler auf dem Schulhof Pause hatten. Beth kurbelte die Fensterscheibe runter und winkte Bryan zu. Das Lächeln auf seinem Gesicht erstarb, als er auf das Auto zukam. Seine kleine Schwester hing in ihrem verrückten Outfit aus dem Fenster und winkte fröhlich jedem zu, wobei sie lauthals „Bryan, Bryan!“ schrie!

Kaum dass er im Wagen saß, fauchte Bryan los: „Fahr, Mama! Fahr bloß los!“ Er duckte sich, zog sich seine Mütze über die Augen und trieb seine Mutter zur Eile. Als die Schule außer Sichtweite war, machte er – das muss man zu seiner Ehre sagen – seiner kleinen Schwester für ihren guten Geschmack Komplimente.

„Ich sehe genauso aus wie du!“, sagte sie süß.

Mütter von kleinen Kindern sollten wissen, dass Kleider lustig sein dürfen. Sie sollten die wilden Kombinationen ihrer Kleinen nicht zu ernst nehmen. Wenn Sie Ihren kleinen sanguinischen Kindern ihren Spaß an lustiger Kleidung lassen, werden Sie weniger aufsässig sein, wenn es später im Teenageralter um ihre Kleiderwahl geht.

Sittsamkeit

Sanguinische Mädchen setzen möglicherweise frühzeitig ihre weiblichen Reize ein, um die Aufmerksamkeit auf sich zu lenken.

Barbaras sanguinische Tochter Thea findet gern Beachtung. Für ihren ersten Schulball hatte sie sich ein Kleid gekauft, das sie vorher ihrer Mutter stolz im Wohnzimmer vorführte. Barbara fiel der Unterkiefer runter, als sie Theas mehr als üppigen Busen aus dem schwarzen Samtoberteil quellen sah.

„So kannst du nicht zum Ball gehen!“, erklärte sie ihrer Tochter. Barbara hätte am liebsten ein Stück schwarzen Stoff mit Rollkragen in den Ausschnitt genäht, aber sie wusste ja, wie wichtig für Thea Aufmerksamkeit und Bewunderung ihrer Mitschüler war. Mutter und Tochter führten also ein langes Gespräch über Sitte und Anstand und Barbara nähte schließlich einen schmalen Stoffstreifen in Theas Ausschnitt, der nur noch einen kleinen Einblick auf ihre hübsche Figur gewährte.

Es ist Aufgabe der Eltern, dass sie ihrem sanguinischen Kind auch auf diesem Gebiet seine Grenzen zeigen und trotzdem zulassen, dass die Tochter die Schönste des Abends wird. Sollten Sie ein sanguinisches Kind haben, das mit seinen Reizen die Aufmerksamkeit auf sich ziehen will, dann zeigen Sie ihm, wie man sich hübsch aber gesittet kleidet. Seien Sie dabei aber bitte nicht prüde, sonst wird sich Ihr Kind außerhalb Ihrer vier Wände erst recht provozierend kleiden.

Ungewöhnliche Kreativität

Sanguinische Kinder haben eine sehr kreative, unkonventionelle Art, Dinge zu tun. Die Mutter eines sanguinischen Sohnes namens Will erzählte mir von einem Referat über ein Buch, das Will für seine Klasse vorbereiten musste. Er sollte sich als eine bestimmte Figur aus dem Roman verkleiden und über diese Gestalt berichten. Er wählte Winnie Puh aus von A. A. Milne. Am Sonntagabend vor seinem Referat fragte ihn seine Mutter, was er sagen würde. Daraufhin stellte er sich vor seine Mutter hin und brummte: „Brumm, brumm, brumm, brumm. Das heißt in der Bärensprache: ‚Hallo, ich bin Puh.'"

Anschließend wollte er einen Fünf-Minuten-Bericht über Winnie Puh und Christopher Robin geben und alle Bücher von A. A. Milne nennen, in denen Winnie Puh vorkommt. Das war eine großartige Idee! An dem Tag, als er berichten sollte, stand ein Schüler nach dem anderen auf und las seinen Bericht, beginnend mit den Worten, vor: „Der Charakter, den ich gewählt habe ... das Buch, das ich gelesen habe ..." Will jedoch begann seinen Bericht wie geplant und die ganze Klasse, die Eltern und die Lehrer fanden ihn gut. Das war der Hit des Tages!

Geben Sie Acht, dass sie die Vorstellungskraft Ihres sanguinischen Kindes nicht bremsen und bemühen Sie sich nicht, vorschnell seine Ideen an die Normalität des Lebens anzupassen, wenn es seine ungewöhnliche Kreativität entfaltet. Ermutigen Sie es vielmehr, seine ungewöhnliche Vorstellungskraft zu nutzen.

Farbenfrohe Perspektiven

Kreative sanguinische Kinder sehen Dinge in Bildern und benutzen Ausdrücke, die andere nicht immer wählen. Als Marita im Kindergarten war, drückte mir ihre Kindergärtnerin ihr Bedauern aus, dass Marita mich mit purpurroten Haaren gemalt hatte. Ich fragte Marita, warum sie mich mit rotem Haar gemalt habe. Schnell antwortete sie: „Es gab keine Blondstifte."

Der zehnjährige Peter wollte für seinen 97-jährigen Urgroßvater, einem ehemaligen Golfspieler, eine Geburtstagskarte basteln. Er schrieb ohne jede Anleitung: „Lieber Opa Max, dein Leben war eine 97 Meter Spielbahn und ein Putt von drei Metern steht noch aus."

Unterstützen Sie die Fähigkeiten Ihres Kindes, das Leben farbenfroh zu sehen und pressen Sie es nicht in eine alte, verstaubte Form. Die farbenprächtige Kreativität des Sanguinikers bringt Leben in den grauen Alltag!

Kapitel 4

Die Erziehung Ihres sanguinischen Kindes

Wenn Sie Eltern eines sanguinischen Kindes werden sollten, werden Sie an ihm stets Ihre helle Freude haben, denn das Leben mit einem solchen Energiebündel wird nie langweilig. Allerdings sollte es die Balance zwischen Spaß und Disziplin lernen.

Weil sie sich leicht ablenken lassen, müssen sanguinische Kinder ständig unter Kontrolle stehen, damit sie auch das tun, was sie tun sollen. Manchmal würden Sie vielleicht die ihm übertragene Arbeit lieber selber erledigen, aber damit bringen Sie Ihrem Kind nur bei, dass es, wenn es seine Aufgabe schludrig erledigt, so schnell nicht wieder um Mithilfe gebeten wird. Loben Sie stattdessen Ihr Kind für alles, was es erledigt hat, denn Sanguiniker brauchen diese Bestätigung. Wenn sie heute für eine kleine Aufgabe gelobt werden, erledigen sie morgen bestimmt eine größere.

Sanguiniker reden ständig, bevor sie nachdenken. Darum müssen Sie Ihr Kind immer wieder daran erinnern, dass es vorsichtig sein soll mit dem, was es sagt. Sie werden es nie ganz verhindern können, dass gedankenlose Bemerkungen den Mund Ihres sanguinischen Kindes verlassen, aber Sie können ihm dabei helfen, dass es merkt, was es sagt.

Trotz der Schwierigkeit, vorgegebene Aufgaben zu erledigen, stürzen sich Sanguiniker häufig in zahlreiche Projekte. Machen Sie Ihr Kind auf seine Begeisterungsfähigkeit für neue, aufregende Tätigkeiten und seine Unfähigkeit, Nein zu sagen, aufmerksam. Damit helfen Sie ihm, seinen Tagesplan realistisch einzuschätzen. Loben Sie es für seine Vielseitigkeit und helfen Sie ihm, auch hin und wieder einige Gelegenheiten auszulassen, damit es seine Mitte findet. Aber beschneiden Sie es dabei nicht ständig in seinen Außenaktivitäten!

Ungeachtet Ihrer eigenen Persönlichkeitsstruktur werden Sie

feststellen, dass Sie Ihrem sanguinischen Kind seinen Spaß lassen müssen. Bringen Sie ihm aber gleichzeitig bei, dass Ziele und Disziplin für jeden Erfolg notwendig sind. Je nach Ihrer eigenen Persönlichkeitsstruktur gibt es jedoch einige Aspekte im Umgang mit sanguinischen Kindern, die Sie verstehen lernen müssen.

Sanguinische Eltern mit einem sanguinischen Kind

Sanguinische Kinder und Eltern teilen dieselbe Lebensbegeisterung und einen ausgesprochenen Sinn für Humor, was sie zusammenschweißt. Sie besitzen einen natürlichen Optimismus sowie die Fähigkeit, einander pausenlos Komplimente zu machen. Marita und ich haben eine gemeinsame so genannte Bewunderungs-GmbH ins Leben gerufen. Wann immer wir einen Ansporn brauchen, rufen wir uns gegenseitig an. Es gibt in dieser Kombination einige Dinge, die beachtet werden müssen, jedoch keine, die die Beziehung zwischen Eltern und Kindern wirklich stören könnte.

Vorsicht ist geboten!

Weil beide, sanguinische Eltern und Kinder, gern im Rampenlicht stehen, könnte es passieren, dass sie sich bei ihren Auftritten Konkurrenz machen. Sanguinische Eltern müssen besonders aufpassen, dass sie eine solche Konkurrenz meiden, besonders wenn das Kind das Teenager-Alter erreicht hat. Wenn ein sanguinisches Mädchen ihren ersten Freund mit nach Hause bringt, könnte eine sanguinische Mutter in Versuchung geraten, die Aufmerksamkeit des jungen Mannes auf sich zu lenken. Sollte Ihre Tochter das beanstanden, wird die aufgeschlossene Mutter wahrscheinlich erstaunt und unschuldig fragen: „Was habe ich denn falsch gemacht? Ich war nur nett zu deinem Freund!“ Sanguinische Eltern sollten sich unbedingt vor solchen Konflikten hüten, sonst wandelt sich die gemeinsame Liebe und Bewunderung in konkurrierende Eifersucht.

Pläne ohne Umsetzung

Durch ihre ständige Suche nach dem Glück bekommen Sanguiniker selten ihr Leben auf die Reihe. Wenn Sanguiniker nicht dazu gezwungen sind, sich Ziele zu setzen und sich zu organisieren, verpassen sie leicht ihre potenziellen Fähigkeiten. Emilie Barnes erzählte mir einmal von einer Freundin, der sie helfen wollte, eine Karriere als Rednerin aufzubauen. „Sie hat so viel Talent und ist eine wirklich anziehende Persönlichkeit", sagte Emilie. „Sie könnte so viel Erfolg haben. Aber ich konnte sie nicht dazu bewegen, sich auf ein spezielles Gebiet festzulegen und dieses richtig zu vertiefen. Sobald sie etwas kann, wird es ihr langweilig und sie versucht etwas Neues. Darum ist sie leider heute immer noch da, wo sie schon vor Jahren war." Um derartige Enttäuschungen zu vermeiden, sollten sanguinische Eltern sich ganz besonders darum bemühen, in ihren sanguinischen Kindern ein Bedürfnis nach Disziplin anzulegen.

Sanguinische Eltern mit sanguinischen Kindern müssen für sich selbst ein Gespür für Organisation entwickeln und ihren Kindern zeigen, dass solche Qualitäten notwendig sind, um ihre Fähigkeiten maximal auszuschöpfen. Ein oberflächlicher Sanguiniker sät Samen in viele Richtungen. Doch ohne Zielrichtung auf die Zukunft trägt die Saat selten Früchte.

Disziplin macht Spaß

Kleine sanguinische Kinder können ihre Freunde davon überzeugen, dass jede Bestrafung Spaß macht. Anne gibt dafür ein besonders gutes Beispiel. Annes Mutter wusste einfach nicht mehr, wie sie ihre energiegeladene kleine Tochter bändigen sollte. Um dieses Temperaments- und Energiebündel zu zähmen, band ihre verzweifelte Mutter sie im Vorgarten an einem Baum fest. Sie hoffte, das würde ihre Vierjährige derart tief kränken, dass Anne sich wie ihre melancholische Schwester benehmen würde. Stattdessen schaffte es Anne, alle Nachbarskinder zu überzeugen, dass es nichts Schöneres gibt, als an einem Baum angebunden zu sein und alle Kinder bettelten bei ihren Eltern, sie doch auch an ihre Gartenbäume zu fesseln!

Lautstarke Reue

Als Kind gab mir meine Tochter Marita entweder zu verstehen, dass Strafe Spaß macht, oder sie erhob bei dem Gedanken an eine Bestrafung ein enormes Protestgeschrei. Vor einigen Jahren kam einmal ein kleines sanguinisches Mädchen an unseren Stand auf einer christlichen Buchmesse. Sie war Marita im Alter von fünf Jahren erstaunlich ähnlich.

Marita fragte die Kleine, was sie einmal werden wolle, wenn sie groß sei. „Ich werde Schauspielerin“, war die prompte Antwort.

Ihre Mutter unterbrach sie jedoch und korrigierte sie: „Sie ist von Gott zur Sängerin christlicher Lieder berufen.“ Während ihre Mutter uns noch „den Ruf ihres Kindes zur Sängerin“ erklärte, steckte sich das Kind seine Finger in die Ohren, schüttelte vehement den Kopf und sang aus voller Kehle drauflos.

Ihre Mutter wurde ärgerlich und stöhnte: „Ich weiß wirklich nicht mehr, was ich mit dem Kind noch machen soll.“

Kaum hatte die Mutter sich umgedreht, sagte das Kind zu Marita: „Ich geh ihr auf die Nerven und wir haben ständig Streit.“

Daraufhin gab Marita der Kleinen einige erprobte Tipps, wie sie Bestrafungen vermeiden könne: „Wenn sie ankommt, fang an zu weinen, und wenn sie dir eine scheuern will, dann heul sofort los, damit sie glaubt, sie habe dich verletzt. Sobald du sie davon überzeugt hast, dass sie dir wehgetan hat und dass es dir Leid tut, hört sie bestimmt auf. Eltern wollen immer, dass man Reue zeigt. Ich bin sicher, das kriegst du mit der Zeit schnell raus.“

Als ich Maritas Belehrung über lautstarke Reue hörte, wusste ich, dass sie das mit mir genauso gemacht hatte, und ich hatte ihr geglaubt.

Jeder liebt mich

Sanguinische Kinder blühen auf, wenn sie merken, dass sie geliebt werden. Eine sanguinische Großmutter erzählte mir von ihrer sanguinischen Enkelin Aimee, mit der sie sich ganz besonders gut verstehe, weil sie sich so ähnlich seien. Eines Tages schnappte sich

Großmama ihre kleine Aimee und sagte: „Ich liebe dich, meine Süße."

Mit sanguinischem Selbstbewusstsein antwortete die Kleine: „Ich weiß. Du liebst mich, Mami liebt mich, Papi liebt mich, Jesus liebt mich. Jeder, der mich kennt, liebt mich!"

Wenn der Liebestank Ihres sanguinischen Kindes randvoll ist, schwebt es, durch Freude angetrieben, durch sein Leben und kann auf seinem Lebensweg an andere Liebe weitergeben.

Cholerische Eltern mit einem sanguinischen Kind

Cholerische Eltern können für ein lustiges sanguinisches Kind eine ausgezeichnete Ergänzung sein, denn sie sind beide optimistisch und lieben Menschen. Ihre fröhliche Einstellung, Dinge in Angriff zu nehmen, macht sie zu einem großartigen Team. Einer arbeitet und der andere sorgt für Unterhaltung.

Eltern sollten jedoch darauf achten, die Unterschiede zwischen beiden Persönlichkeitsprofilen nicht zu übersehen. Die Schwäche dieser Kombination zeigt sich besonders, sobald Eltern ihr eigenes Temperament nicht richtig einschätzen können. Weil willensstarke cholerische Eltern ihre Arbeit und rasche Erfolge lieben, meinen sie, jeder habe die gleiche Einstellung zur Arbeit wie sie.

Wann dürfen wir uns endlich ausruhen?

Der Arbeitszwang eines cholerischen Elternteils und seine Erwartung, dass jeder mithält, kann ein sanguinisches Kind erdrücken. Ein solches Kind wird dann irgendwann zwangsläufig aus den Fußstapfen seiner Mutter oder seines Vaters aussteigen und sich anderswo seinen Spaß suchen. Als Mutter habe ich wie ein Choleriker gearbeitet und das habe ich auch von meinen Kindern erwartet.

Eines Tages sagte Lauren einmal zu mir: „Wenn ich müde bin, darf ich nicht nach Hause kommen."

Wenn Ihr sanguinisches Kind sich lieber bei der netten Dame in der Nachbarschaft aufhält als bei Ihnen, sieht es in Ihnen vielleicht den Antreiber und weiß, dass nach Hause kommen Arbeit heißt – und das macht keinen Spaß.

Ganz viel Liebe

Sanguinische Kinder suchen nach Liebe, wo immer sie sie finden können. Cholerische Eltern, die dieses emotionale Bedürfnis verstehen, können die unsterbliche Zuneigung ihres Kindes erwerben, indem sie klar zum Ausdruck bringen, welches Benehmen sie sich von ihnen wünschen und dann sehr viel loben, wenn das Verhalten sich in etwa den gesetzten Maßstäben nähert. Sanguinische Kinder lassen sich durch Komplimente und Zustimmung motivieren. Kritik aber macht sie niedergeschlagen. Freuen Sie sich an ihrem Humor! Machen Sie sich nicht lustig über Ihr Kind und seien Sie sehr, sehr herzlich! Ihr Kind wird Ihnen so lange glücklich folgen, so lange sie es reichlich loben.

Entzückende Eskapaden

Manchmal ist das sanguinische Kind mit seiner gewinnenden Art der Liebling des cholerischen Elternteils. Es kann seine Eltern um den Finger wickeln und darf sich Dinge erlauben, für die andere bestraft werden würden. Ich erinnere mich noch gut, dass mir Marita als Kind einmal aus meiner Handtasche Geld genommen hat und mir von diesem Geld eine Geranie gekauft hat. Ich fand sie so süß und entzückend, dass ich erst einmal gar nicht die negative Seite dieser Tat wahrnahm. Könnten Sie einem Kind böse sein, das Ihnen Geld aus der Tasche klaut und Ihnen dafür Blumen kauft?

Denken Sie trotzdem immer daran, dass Ihr sanguinisches Kind sehr gern agiert und Sie ganz genau zu nehmen weiß. Agieren macht ihm Spaß, besonders wenn es damit erreicht, was es will!

Das macht keinen Spaß!

Während emotionslose, arbeitsorientierte Choleriker auf Erfolg ausgerichtet sind, wollen sich Sanguiniker aus jeder Lebenssituation einen Spaß machen. Die kleine sanguinische Anne braucht viel Anerkennung und die bekommt sie von ihrem cholerischen Großvater, der sie über alles liebt. Sie freut sich, wenn er sie in seinen Predigten erwähnt und die Aufmerksamkeit seiner Zuhörer auf seine Enkelin richtet. Eines Tages bekam Anne mit, dass ihr Großvater von einer Kirchengemeinde als Gastprediger eingeladen worden war. Anne fragte ihn immer wieder, ob er sie auch dort von der Kanzel aus erwähnen würde. Kurz bevor der Großvater seine Predigt halten sollte, fragte Anne ihn: „Opa, worüber predigst du?"

„Mein Thema ist: Wenn der Himmel schweigt", antwortete der Großvater.

Etwas enttäuscht meinte die nie um eine Antwort verlegene Anne: „Hm, schade. Wie willst du mich in eine solche Predigt einbauen?"

Ein anderes Mal, als sie ihren Großvater fragte, worüber er predigen würde, sagte er: „Über die Hölle".

„Das ist aber traurig", meinte Anne. „Warum sprichst du nicht über mich? Das wäre lustig und überhaupt nicht traurig!"

Wenn cholerische Eltern genau hinhören, werden sie die Lust ihres kleinen Sanguinikers auf Spaß als erfrischend erleben. Diese Kinder werden in ihren pragmatischen Eltern eine neue Lebensfreude wecken!

Melancholische Eltern mit einem sanguinischen Kind

Perfektionistische Melancholiker mit sanguinischen Kindern können eine ausgezeichnete Ergänzung gegensätzlicher Charaktere sein, die ihre Mängel gegenseitig ausgleichen. Perfektionistische Eltern können in ihren Kindern das fehlende Organisationstalent entwickeln, während ihre sanguinischen Kinder ihnen Spaß und Lebensfreude ins Haus bringen. Allerdings ist es nicht leicht, eine ausgewogene Mischung zu finden. Ohne gegenseitiges Verständnis für die unterschiedlichen Temperamente können diese Gegensätze sich gegenseitig auf die Palme bringen. Sie stellen die wohl brisanteste Kombination dar.

Hast du das denn noch immer nicht erledigt?

Melancholische Eltern, die von jedem Kind Ordnung und Pünktlichkeit erwarten, müssen feststellen, dass ihr sanguinisches Kind sich keine ernsthaften Gedanken macht und keinen Sinn für Organisation hat. Sie selbst sind von Natur aus organisiert und diszipliniert ; ihr Kind ist es nicht. Darum müssen Sie Ihrem kleinen Sanguiniker helfen, das Maß an Disziplin zu entwickeln, das Ihnen vertraut ist. Seien Sie dabei aber bitte sehr vorsichtig und kritisieren Sie Ihr Kind nicht ständig! Denn das führt zu gar nichts.

Wenn ein sanguinisches Kind nicht das Lob bekommt, das es verzweifelt braucht, verschwindet der Wille des Kindes, sich anzupassen. Kritische und pingelige Eltern machen diese Kinder mutlos. Irgendwann verschließen sie dann ihr übersprudelndes Temperament und lassen es bei anderen heraus, die sie mögen. Ohne anerkennendes Publikum zu Hause empfindet sich das sanguinische Kind als wertlos. Sein Bedürfnis nach Anerkennung macht es dann schließlich zum Klassenclown oder es bekommt Probleme mit seiner Disziplin. Das sanguinische Kind wird sich in jedem Fall Aufmerksamkeit verschaffen – sei sie positiv oder negativ.

Um dieses Problem zu vermeiden, sollten Sie immer wieder die positiven Seiten Ihres Kindes im Blick haben, es für alles, was es gut gemacht hat, loben und mit kreativen Abwechslungen, die ihm Spaß machen, belohnen. Motivieren Sie Ihr Kind, zielgerecht zu leben, indem Sie ihm die Liebe und Zuneigung geben, die es braucht. Denn es wird sich bemühen, Ihnen zu gefallen.

Sauber und ordentlich? Keine Chance!

Wenn sie Lust haben, putzen sie das Haus von oben bis unten, aber es muss nicht alles perfekt sein. Die melancholische Eva Marie zum Beispiel kam von Anfang an mit ihrer sanguinischen Tochter nicht zurecht. Verzweifelt versuchte sie, das Kind zur Ordnung zu erziehen, zu korrigieren und sie dazu zu bringen, all das zu tun, was für ein melancholisches Herz so wertvoll ist.

„Du wirst es nie zu etwas bringen, wenn du dein Leben nicht in Ordnung bringst“, pflegte Eva Marie ihrer Tochter zu sagen und glaubte fest an ihre melancholischen Sätze, die sie ständig auf Jessicas Haupt hinabrieseln ließ. Jessica lernte jedoch, die Anweisungen ihrer Mutter zu ignorieren und fröhlich ihrer sanguinischen Straße zu ziehen.

Eva Marie berichtete mir, dass das Ergebnis jahrelanger freundlicher Führung und schreiender Temperamentsausbrüche eine quirlige Achtzehnjährige mit einem strahlenden Lächeln und lustigen blauen Augen sei. Sie ist ein richtiger Blickfang mit ihren gepflegten Locken und ihrem tadellosen Make-up. Sie mag jeden, den sie trifft. Und wenn sie einen Raum betritt, fliegen ihr gleich alle Blicke zu. Ja, sollte sie einmal in einem Erdloch leben müssen, würde sie sich sogar mit Maulwürfen und Ratten anfreunden. All das hat ihr Verhalten zu Hause jedoch nicht geändert. Mittlerweile hat aber Eva Marie gelernt, sich an der Art ihrer Tochter zu freuen und beklagt sich nicht mehr über die Unordnung in ihrem Zimmer. Und Jessica liebt ihre Mutter deswegen sehr viel mehr.

Sie werden einsehen müssen, dass Ihr sanguinisches Kind, ganz gleich wie sehr Sie sich auch bemühen, nie so sauber und ordentlich sein wird, dass es Ihren perfektionistischen Ansprüchen genügt. Lernen Sie Kompromissbereitschaft und lassen Sie auf bestimmten Gebieten Unordnung zu! Wenigstens können Sie auf diese Weise das, was Ihnen nicht gefällt, unter Kontrolle halten. Denken Sie immer daran: Kinderzimmer haben Türen. Machen Sie die Tür hinter sich zu!

Welche Tabelle meinst du eigentlich?

Für melancholische Eltern ist Disziplin ein „normales" Verhalten. Vater oder Mutter setzen die Regeln, stellen eine Liste auf und fertigen eine Tabelle an. Idealerweise befolgen dann die Kinder diese Regeln und haken ihre Aufgaben auf der Tabelle ab. Das hört sich ganz einfach an. Aber ein sanguinisches Kind, das bereits auf dem Weg von einem Raum zum nächsten vergisst, was es tun wollte, lebt nur für den Augenblick und kann weitreichende Konsequenzen nicht erkennen (dafür kann es aus belanglosen Arbeiten ein Theaterstück inszenieren!). Der Gedanke, in seinem Zimmer allein sein Bett zu richten und anschließend dafür noch einen Haken auf der Tabelle in der Küche zu machen, überfordert es vollkommen.

Anführer voran, wir folgen!

Sollten Sie ein perfektionistischer Vater oder eine perfektionistische Mutter sein, der/die erwartet, dass alle Kinder wie kleine Gänschen in einer Reihe hinter Ihnen her watscheln, werden Sie sich viele Migräne-Attacken ersparen, wenn Sie Ihr sanguinisches Kind als einen begnadeten Witzbold ansehen, den Ihnen Gott als drolliges Geschöpf in einer gnadenlosen Welt in die Wiege gelegt hat. Machen Sie sich klar, dass Ihr Kind wahrscheinlich niemals Nuklearforscher werden wird, aber vertrauen Sie darauf, dass der Charme Ihres Kindes und sein Talent, die schönsten Geschichten zu erzählen, ihm Möglichkeiten verschaffen wird, von denen Sie nur träumen können.

Meine Mutter wollte, dass alle ihre Kinder Musiker werden sollten. Darum mussten wir alle ein Instrument erlernen. Mit einiger Anstrengung konnte ich schließlich ein paar geistliche Lieder auf dem Klavier klimpern. Jim lernte Klavier und Gesang und Ron spielte so gut Trompete, dass er im Schulorchester mitspielen durfte. Aber unser aller sanguinisches Temperament neigte viel mehr zum Spaß haben als zum Notenlernen.

Als Ron noch im Gymnasium war, lernte er bereits freiwillig Gedichte von Spike Jones auswendig. Sein Hobby war, sie als Klangcollagen zu präsentieren. Deshalb sammelte er immer wieder neue Klangeffekte, die diese noch verbesserten. Er fand einen alten galvanisierten Kübel und sammelte tagelang Glasstückchen in einem Eimer. An einer bestimmten Stelle seiner Aufnahme schüttete er die Glassplitter aus dem Eimer in den Kübel, was einen Lärm wie eine startende Rakete machte. Doch immer wenn er das Geräusch wiederholte, schrie meine Mutter auf und griff vor Angst Hilfe suchend nach einem Türpfosten, weil sie meinte, die Welt ginge unter.

Aus diesem Grund versuchte sie dann auch mit allen Mitteln, ihn von diesem „Blödsinn“ abzubringen, aber er machte unbekümmert weiter. Wenig später trat Ron mit seinen Klangcollagen sogar in Shows auf, schrieb Musicals und wurde Diskjockey, anstatt seine Hausaufgaben zu machen. Unsere Mutter war sich sicher, er würde nie auf einen grünen Zweig kommen. Aber heute ist er der bekannteste Radio-Macher in Dallas/Forth Worth und hat mit seinem Blödsinn mehr Geld verdient, als Mutter sich je vorstellen konnte.

Mein Bruder Jim wurde Geistlicher bei der Luftwaffe und ging als Oberst in den Ruhestand. Und ich unterrichtete Englisch und Rhetorik und mittlerweile schreibe ich Bücher und halte im ganzen Land Vorträge. Wir haben uns alle mit dem Mund durchgeschlagen trotz Mutters Hände ringender pessimistischer Prophezeiungen. Unser ununterbrochenes Reden hat sich bezahlt gemacht!

Denken Sie immer daran, dass nicht jedes Kind „normale“ Sachen macht. Ermutigen Sie Ihr Kind vielmehr entsprechend seiner besonderen Stärken, auch wenn es nicht dem entspricht, was Sie sich vorgestellt haben oder erwarten. Sagen Sie nicht andauernd: „Warum kannst du nicht wie der und der sein.“ Und versuchen Sie nicht, viereckige Pflöcke in runde Löcher zu klopfen.

Machen Sie sich auf einen Wirbelsturm gefasst!

Während melancholische Eltern nach Frieden, Ruhe und Ordnung streben, suchen sanguinische Kinder ständig, wo etwas los ist, wo es laut ist, wo Action ist. Neulich kam Jessica zum Essen bei ihren Eltern vorbei. Eva Marie beschrieb, wie einladend freundlich und ruhig ihr Haus gewesen war, bevor die Tochter eintraf. Außer dem Schnurren des Katers lenkte sie kein einziger Laut von der Novelle ab, die sie gerade las. Und dann kam Jessica. Und zuerst einmal knallte die Haustür zu.

„Puh, ist das dunkel hier!“, rief sie und jeder Lichtschalter in ihrer Reichweite wurde angeknipst. „Was macht Ihr gerade? Warum ist es so ruhig? Das ist mir viel zu ruhig hier!“ Sie stellte eine Frage nach der anderen, während sie in das geheiligte Wohnzimmer trat und gleich auf den Fernsehknopf drückte. Das Zimmer war sofort mit den Geräuschen eines Tarzan-Films erfüllt: Elefanten trompeteten, Affen schrien und dazu kamen noch andere undefinierbare Laute aus dem Dschungel.

„Es war gerade noch so friedlich hier“, bemerkte Eva Marie

und bekam von Jessica lachend zur Antwort: „Es war deprimierend!“

Sanguiniker und Melancholiker werden wahrscheinlich nie übereinkommen, was für sie eine „perfekte“ Umgebung ist. Doch wenn man das Temperament des anderen versteht, kann man lernen, miteinander in Frieden zu leben.

Du verstehst das nicht!

Sanguiniker wollen, dass andere emotional auf sie eingehen und ihren Schmerz mit ihnen teilen. Als Eltern können wir uns kein Urteil über die Gefühlswelt unserer Kinder bilden, ohne uns sehr viel Zeit zu nehmen und mit viel Verständnis und echtem Mitgefühl Anteil zu nehmen. In ihrem Buch: Staying Friends with Your Kids (Wie Sie der Freund Ihrer Kinder bleiben können) berichtet Kathy Collar Miller, auf welche Weise sie diese Lektion gelernt hat.[3] Kathy lernte, mit ihrer sanguinischen Tochter umzugehen, obwohl sie im Grunde ihre Emotionen nicht nachempfinden konnte.

Darcy ging noch zur Grundschule, als Kathy ihr Töchterchen eines Abends im Bett weinen hörte. Sie öffnete die Tür zum Kinderzimmer und sah, wie Darcy im Bett saß und ihr dicke Tränen über die Wangen kullerten.

„Was ist denn passiert?“, fragte Kathy erschrocken und stellte sich schreckliche Dinge vor.

Darcy schaute mit vorgeschobener Unterlippe zu ihrer Mutter auf und weinte: „Ich habe niemanden zum Spielen.“

Erleichterung und Unverständnis stiegen in Kathy auf und sie dachte bei sich: *Lächerlich, so viel Geschrei um nichts!* Zum Glück aber verstand Kathy Darcys sanguinische Liebe zu Menschen und ihr Bedürfnis nach ständiger Unterhaltung. Dadurch war Kathy in der Lage, sie zu trösten und den Grund ihrer Tränen zu verstehen.

Und doch ist das gar nicht so leicht, wie Kathy feststellen musste. Als Melancholikerin versuchte Kathy häufig, sich die Gefühle ihrer sanguinischen Tochter klar zu machen, ohne sie selbst nachempfinden zu können. Deshalb weckte die Art ihrer Mutter mit der Zeit Darcys Unmut. Sie spürte, dass das verbale

Interesse ihrer Mutter nicht in die Tiefe ging. Während Kathy bestätigte, dass sie die dramatische Betroffenheit ihrer Tochter verstehen könne, zeigte ihr der Mangel an Mitgefühl für derartige Emotionen, dass ihre Mutter sie in Wirklichkeit nicht verstand. Obwohl es für melancholische Eltern schwierig ist, ihre Emotionen zu zeigen, müssen sie es lernen. Anders werden sie ihre Kinder nie davon überzeugen können, dass sie sie wirklich verstehen.

Nirgends ist es so schön wie zu Hause, außer ...

Sanguinische Kinder lieben die warme gemütliche Atmosphäre, die eine melancholische Mutter verbreitet. Und doch müssen sie hinaus in die Welt und mit anderen Menschen Kontakt haben. Die melancholische Barbara war stolz auf ihr sauberes und ordentliches Heim mit vielen guten Büchern, Videos und Spielgelegenheiten für ihre Kinder. Sie hatte viele, viele Bücher über Erziehung gelesen und ihr Haus mit Liebe und Wärme eingerichtet. Darum fühlte sich Barbara auch verletzt, wenn ihre sanguinische Tochter Thea sich anderswo vergnügen wollte.

Von ihrem dritten Lebensjahr an machte sich Thea immer wieder aus dem Staub, während ihr Bruder und ihre Schwester zu Hause spielten oder lasen. Barbara geriet in solchen Situationen dann immer in Panik und eilte durch die Nachbarschaft, bis sie Thea irgendwo in einem Garten fand, wo sie Leuten bei der Arbeit zuschaute oder in einem Nachbarhaus, wo sie beim Kuchenbacken half. Alle mochten Thea sehr und jeder freute sich, sie um sich zu haben. Und Barbara fragte sich immer wieder: „Was fehlt dem Kind nur zu Hause, dass es sich anderswo wohler fühlt?"

Erst als Barbara von den unterschiedlichen Temperamenten hörte, wurde ihr klar, dass Sanguiniker so viel Liebe und Aufmerksamkeit sammeln wie möglich. Sie sind immer auf der Suche, ihren Beliebtheitsgrad zu erweitern. Für die sanguinische Thea lag dieser Grad oft vor ihrer Haustür.

Melancholische Eltern sanguinischer Kinder sollten deshalb ihren Kindern erlauben auszugehen und soziale Kontakte zu knüpfen, auch wenn dies für sie selbst nicht unbedingt wichtig ist. Keine Angst, Ihr Sanguiniker kommt bestimmt wieder nach Hause ... sobald der Tag um ist.

Zu viele Einzelheiten

Melancholische Eltern erinnern sich mit Vorliebe an jede kleine Einzelheit aus ihrem Leben und können sie auch beschreiben. Aber ihre Kinder wollen das meist gar nicht so genau wissen. Der zwölfjährige Charlie wollte von seiner melancholischen Mutter wissen, was das Wort „Gelaber“ bedeutete. Charlie war bei den Nachbarkindern gewesen und deren Mutter hatte dieses Wort benutzt, doch die Kinder hatten nicht gewusst, was es bedeutete. Charlie rannte also schnell ins Haus und wollte es kurz von seiner Mutter wissen, damit er es draußen seinen Freunden gleich sagen konnte.

Ein wenig hatte er befürchtet, dass seine Mutter sagen könnte: „Schau selbst im Lexikon nach!“ Darum war Charlie ganz glücklich, als seine Mutter anfing, das Wort zu erklären. Nach fünf Minuten erklärte seine Mutter immer noch die Wurzeln des Wortes und Charlie wurde ganz kribbelig. Seine Mutter aber spürte sein mangelndes Interesse und sprach umso eindrücklicher, damit ihr Sohn ihr auch zuhörte. Je mehr sie redete, umso mehr verzweifelte Charlie. Schließlich forderte sie ihren Zwölfjährigen auf, das Buch „Betty und ihre Schwestern“ – nur eine Melancholikerin kann sich daran erinnern, dass das Wort „Gelaber“ in einem bestimmten Buch vorkommt – zu nehmen und den Rest des Nachmittags darin zu lesen.

„Meine Freunde haben mich alle bedauert“, erzählte Charlie Jahre später. „Jeder in der Nachbarschaft machte sich über meine Mutter lustig und nannte sie Frau Lehrerin. Ich verabscheute dieses Buch und ich verabscheute meine Mutter, weil sie mich zwang, das Buch zu lesen. Ich hatte ihr nur eine ganz einfache Frage gestellt und sie machte daraus ein zweiwöchiges Studienprojekt. Danach habe ich mir geschworen, sie nie mehr um Rat oder ihre Meinung zu irgendetwas zu fragen.“

Melancholische Eltern sollten sich davor hüten, ihre Interessen ihren Kindern aufzuzwingen oder sie mit mehr Details zu konfrontieren als für ihr Alter oder ihre Frage nötig ist. Wie schon das alte Sprichwort sagt: „Wenn du wissen willst, wie spät es ist, musst du nicht erst lernen, wie eine Uhr konstruiert ist.“

Die Moral von der Geschicht'

Melancholiker haben außerdem die Neigung, aus jeder Geschichte eines Sanguinikers ein Lehrstück zu machen. Ein Kind zählt vielleicht unbekümmert beim Abendessen alle Streiche auf, die es am Tag ausgeheckt hat, und Vater oder Mutter weisen dann darauf hin, dass es so etwas nie wieder tun darf. Mit der Zeit wird das Kind nie wieder etwas zu Hause erzählen und seine lustigen Geschichten für seine Freunde aufheben.

Ich habe häufig mit sanguinischen Teenies gesprochen, deren Eltern sie für Melancholiker hielten.

„Wie ist denn das möglich?“, fragte ich dann zurück.

Die Antwort lautete meistens: „Meine Eltern finden meine Geschichten nicht lustig und darum erzähle ich ihnen auch nichts mehr.“

Diese Jugendlichen ziehen sich auf ihre Zimmer zurück und zeigen nur ihren Freunden ihren wahren Charakter. Wir Eltern müssen zuhören lernen! Wir dürfen unsere Kinder nicht unterbrechen und dürfen vor allem nicht die Geschichte unseres sanguinischen Kindes zu einer Moralpredigt missbrauchen. Freuen Sie sich über Ihre sanguinischen Teenies und lachen Sie mit ihnen! Sonst geht es Ihnen eines Tages wie so manchen Eltern, die mich fragen: „Wie kann ich mein Kind nur zum Reden bewegen?“

Warum lieben meine Kinder mich nicht so sehr?

Manche sanguinischen Kinder sind mit anderen Sanguinikern enger verbunden als mit ihren eigenen Eltern. Melancholischen Eltern fällt es oft schwer, körperliche Zuneigung zum Ausdruck zu bringen und manchmal halten sie sogar damit hinter dem Berg, bis ihr Kind eine gewisse Größe erreicht hat. Wenn nun melancholische Eltern mit Berührung und Streicheleinheiten sparsam umgehen, werden sich ihre sanguinischen Kinder ihre Küsse und Liebkosungen unweigerlich dort holen, wo sie sie finden.

Die melancholische Debbie erzählte mir von dem Besuch ihrer sanguinischen Schwägerin. Debbies Sohn hatte Tante Rose mit vier Jahren kennen gelernt, aber für seine Schwestern war dies die erste Begegnung. Doch alle Kinder liebten sie vom ersten Augenblick an! Sie spielte mit ihnen, sang mit ihnen, setzte sie ans Klavier und zeigte ihnen Zaubertricks. Debbies Jüngste, Carolyn, die einzige Sanguinikerin in der Familie, hing regelrecht an Tante Rose und klammerte sich die ganze Zeit an sie. Morgens krabbelte sie sogar zu ihr ins Bett. Als Tante Rose schließlich wieder abreisen musste, wollte sie sie nicht gehen lassen und weinte sich die Äuglein aus. Debbie wusste, das Carolyn sie liebte, aber sie verspürte auch ein wenig Eifersucht auf Rose und auf die sichtbare emotionale Bindung, die die beiden so schnell geknüpft hatten. Sie waren „ein Herz und eine Seele".

Sei es Besuch, ein Lehrer, ein Freund oder ein Verwandter, sanguinische Kinder hängen sich an den ersten Sanguiniker, der zur Tür herein kommt. Wenn Sie eine melancholische Mutter oder ein melancholischer Vater sind, dann achten Sie darauf, dass sie Ihrem sanguinischen Kind Zeit, Aufmerksamkeit und Körpernähe schenken! Anderenfalls suchen sie sich jemand anderen!

Phlegmatische Eltern mit einem sanguinischen Kind

Sanguinische Kinder locken die humorvolle Seite in ihren phlegmatischen Eltern hervor. Diese Eltern genießen die Freude, so lange andere die Festvorbereitungen treffen. Und das sanguinische Kind inszeniert nun einmal sehr gern alles mögliche, so lange nur jemand zum Fest kommt. Sanguiniker sind also eine unerschöpfliche Unterhaltungsquelle und sie sprudeln über, so lange sie die Beachtung ihrer phlegmatischen Eltern finden. Obwohl sie sehr gut miteinander auskommen können, gibt es bei dieser Kombination auch wieder so einige Probleme.

Der Weg zur Arbeitsbewältigung

Weil weder Kinder noch Eltern ein besonderes Organisationstalent besitzen, bekommen sie kaum eine Aufgabe bewältigt, die keinen Spaßfaktor besitzt. Beide fühlen sich nicht voll verantwortlich. Und beide hoffen auf jemanden, der für sie die Arbeit erledigt. Phlegmatische Eltern müssen unbedingt Organisationstalent entwickeln, damit sie es an ihre Kinder weitergeben können. Denn ohne ein wenig Organisation und Verantwortungsbewusstsein werden diese Kinder viele Freunde haben, aber wenige Dinge zu Ende bringen.

So lange es ruhig ist, ist alles in Ordnung

Sanguinische Kinder lieben phlegmatische Eltern, weil sie tun und lassen können, was sie wollen, so lange sie keinen Lärm oder Schwierigkeiten machen. Cindy berichtete von ihrem phlegmatischen Ehemann und einem Nachmittag mit ihren sanguinischen und cholerischen Kindern. Cindy wollte einkaufen fahren und bat ihren phlegmatischen Don, auf ihre kreative sechsjährige Sanguinikerin, auf ihren willensstarken vierjährigen Choleriker und dessen vierjährige Freundin aufzupassen. In seiner typisch phlegmatischen Art stimmte Don zu. „Kein Problem. Mach ich gern."

Mitten an diesem Nachmittag nun entschloss sich Don, unter die Dusche zu gehen. Kaum hatte er das Wasser aufgedreht, polterte auch schon seine Sechsjährige gegen die Tür, öffnete sie gewaltsam und reichte ihm zwei neue Spraydosen mit Farbe hinein. „Wir kriegen die nicht auf. Kannst du uns helfen?" Als hilfsbereiter Vater öffnete Don die Kappen und gab die Sprayflaschen zurück.

Als Cindy schließlich nach Hause kam, hatten die Mädchen den Boden mit rosa-grünen Streifen besprüht und sahen selbst auch recht farbenfroh aus. Nach der ersten Schocksekunde und einem Schreckensschrei fragte Cindy ihren Mann: „Wie haben die Kinder die Farben denn überhaupt aufbekommen? Und wo warst du überhaupt?"

Sie konnte nicht begreifen, dass er die Spraydosen geöffnet hatte. „Und warum hast du das gemacht?", fragte seine Frau fassungslos.

„Weil sie mich darum gebeten haben", war Dons schlichte Antwort. So lange die Kinder ruhig und offensichtlich zufrieden waren, hatte Don keine Veranlassung gesehen, nach ihnen zu schauen.

Vorsicht, bitte!

Sanguinische Kinder können dumme, verrückte und sogar haarsträubende Dinge anstellen, während ein phlegmatischer Elternteil ruhig daneben steht und dies spielend verkraftet. Jedoch kann das bei einem Sanguiniker, der die Aufmerksamkeit seiner Eltern dringend braucht, sehr daneben gehen. Die fünfjährige Rose besuchte erst wenige Wochen den Kindergarten. Von dort bekamen die Kinder einen Zettel mit nach Hause, auf dem für den nächsten Tag ein Fototermin angekündigt wurde. Nun zog sich die sanguinische Rose gern schick an und ließ sich auch gerne fotografieren. Sie besaß einige hübsche Kleidchen mit passenden Schleifen für Ostern und Weihnachten. Und es wurde ausgemacht, dass sie eines dieser Kleider zum Fototermin tragen durfte.

Am nächsten Morgen gab es aber nirgendwo ein sauberes Kleid, das sie hätte anziehen können und ihre phlegmatische Mama schlief noch. Irgendwann wachte ihre Mutter auf und versprach ihr, ihr beim Anziehen zu helfen, blieb aber trotzdem liegen, bis der Bus kam.

Rose wusste aus Erfahrung, dass sie ihre Mutter nicht stören durfte, weil sonst ihr Vater sie später bestrafen würde. Also zog sie ihre karierte Lieblingsjacke an und fand im Badezimmer passende Haarschleifen dazu. Sie strengte sich mächtig an und machte sich selbst Pippi-Langstrumpf-Zöpfe. So lief sie in den Kindergarten und fand sich sehr hübsch und war recht stolz, dass sie sich für den Fototermin so schön gemacht hatte.

Als Rose jedoch im Kindergarten ankam, stellte sie fest, dass alle anderen Kinder perfekt frisiert waren und wie kleine Models aus einer Kindermodezeitschrift ausschauten. Sie waren entzückend. Man sah ihnen an, dass ihre Mütter sie ganz besonders sorgfältig zurechtgemacht hatten. Plötzlich kam Rose sich gar nicht mehr schön vor. Sie rannte in den Waschraum und versuchte, ihre Haarsträhnen besser zu befestigen. Eine Mutter, die an ihrer Tochter herumzupfte, sah Rose mitleidig an. Damit sie nicht allzu zerzaust aussah, steckte sie ihr ein paar Klämmerchen ins Haar, damit ihr die Strähnen nicht mehr ins Gesicht fielen. Aber es war nicht viel zu machen. Auf Roses Kindergartenfoto ist ein Mitleid erregendes kleines Gesichtchen mit einem erzwungenen

Lächeln festgehalten, das zu sagen scheint: „Bitte, schaut mich nicht an."

Phlegmatische Eltern müssen lernen, dass sie ihren sanguinischen Kindern helfen, die bewundernswerten Prinzessinnen und Prinzen zu werden, die sie gerne sein möchten. Für Sanguiniker sind Fotos immer wichtig. Tun Sie Ihrem sanguinischen Kind also den Gefallen und machen Sie von ihm ein besonderes Foto, das Sie anschließend an alle Bekannten und Verwandten schicken.

Ganz gleich welcher Persönlichkeitstyp Sie sind: Sollten Sie ein sanguinisches Kind haben, erfreuen Sie sich an seinem guten Humor und seinem lebhaften Temperament. Helfen Sie ihm, die Schwächen in seiner Persönlichkeitsstruktur auszubügeln, indem Sie ihm die Wichtigkeit von Verantwortung und Organisationstalent deutlich machen. Lassen Sie Ihrem sanguinischen Kind seinen Spaß, aber zeigen Sie ihm, dass es Ziele braucht und Disziplin lernen muss, um erfolgreich zu sein. Und vor allem erwarten Sie von Ihrem Kind, dass es Sie überraschen wird. Jeder Tag wird ein aufregendes Abenteuer sein!

Kapitel 5

Die Eigenschaften eines kontrollierenden Cholerikers

Der Choleriker

Die starke Persönlichkeit
extrovertiert – Führernatur – optimistisch

Emotionale Bedürfnisse

schätzt Leistung, sucht Gelegenheit, die Führung zu übernehmen, übernimmt Entscheidungen in der Familie, will die Kontrolle haben (z. B. über sein eigenes Zimmer, Garage, Garten, Hund)

Er meidet

Ruhe, Langeweile, Spiele, bei denen er nicht gewinnen kann

Stärken im Babyalter

- strahlend
- abenteuerlustig
- energiegeladen
- offen
- verständig
- Führernatur

Schwächen im Babyalter

- starker Wille
- fordernd
- laut
- wirft mit Sachen um sich
- schläft nicht viel

Stärken im Kleinkindalter

- mutig und eifrig
- arbeitet sehr produktiv
- hat Ziele
- sehr beweglich
- mit sich zufrieden
- konkurrenzfähig
- weiß, was es will
- vertrauenswürdig

Schwächen im Kleinkindalter

- manipuliert
- bekommt Wutanfälle
- immer in Bewegung
- hartnäckig
- prüft alles
- widerspricht
- ist stur

Stärken im Teenageralter

- geht Dinge an
- kompetent
- gut organisiert
- zeigt Leiterfähigkeiten
- löst Probleme
- selbstsicher
- motiviert andere
- bewährt sich in gefährlichen Situationen
- großes Potenzial
- verantwortungsbewusst

Schwächen im Teenageralter

- spielt den Boss
- hat die Eltern im Griff
- weiß alles besser
- schaut auf Schwächere herab
- verschlossen
- will gern Anführer sein
- beleidigend
- fällt ein rasches Urteil
- unversöhnlich

Marilyn beaufsichtigte ihren dreijährigen Enkel und schlug ihm vor, als Überraschung für Mami das Kinderzimmer aufzuräumen. „Eine dute Idee!" (Eine gute Idee!), strahlte der kleine Mann. Beim Aufräumen drückte die Großmutter ihm ein Spielzeug in die Hand und bat ihn, es in die Spielzeugkiste zu legen. „Nein, tann ich nich", war die prompte Antwort. Auf die erstaunte Frage seiner Großmutter, warum er das nicht könne, sagte er stolz: „Ich bin der Boss!"

Bereits als Dreijähriger beanspruchte er eine Führungsposition!

Wenn wir noch einen Beweis brauchen, dass wir mit einem bestimmten Verhalten geboren werden, dann gibt uns das cholerische Kind diesen Beweis. Vom ersten Tag an weiß dieses kleine Wesen, dass es die ganze Familie beherrschen wird; es ist nur eine Frage der Zeit. Ich erinnere mich noch gut an den Besuch bei einer Freundin, die gerade ein Neugeborenes hatte. Der Säugling lag neben seiner Mutter in seinem Bettchen und stieß immer wieder einen Schrei aus. Er weinte nicht, weil er Hunger hatte; er schrie nur auf, weil er über uns bestimmen wollte. Und das gelang ihm. Seine Mutter schaute jedes Mal besorgt zu ihrem Kind und fragte: „Was soll ich nur machen?" Das Kind beherrschte seine Mutter von Anfang an. Diese herrischen Kinder haben allerdings einige wichtige emotionale Bedürfnisse, die sich von allen anderen sehr unterscheiden.

Wertschätzung und Kontrolle

Wie wir gelernt haben, suchen Sanguiniker bei jedem Menschen in seiner Umgebung nach Aufmerksamkeit und Zustimmung. Cholerikern ist es jedoch egal, was andere von ihnen denken, Hauptsache sie bekommen ihre Wertschätzung für alles, was sie für diejenigen tun, die vermeintlich gar nichts tun.

Cholerische Kinder werden Ihre besten Helfer sein, wenn Sie ihnen dankbar sind und sie für alles loben, was sie erledigen. Sie müssen ständig mit einer Aufgabe beschäftigt sein, damit sie sich gut fühlen. Und wenn Sie ihnen nichts zu tun geben, werden sie sich an Dinge heranmachen, von denen Sie noch gar nicht gewusst haben, dass sie getan werden müssen. Werden Sie also Gewinn bringend beschäftigt, gibt es keine Schwierigkeiten. Haben sie aber nichts zu tun, werden sie zum Chef der Unsinnmacher. Sie brauchen Kommentare wie: „Ich kann nicht begreifen, wie schnell du dein Zimmer aufgeräumt hast!“ oder „Du schaffst wirklich mehr als jeder andere.“

Neben dem Lob für gute Arbeit braucht der Choleriker das Gefühl, dass man auf seiner Seite steht und sich ihm gegenüber loyal verhält. Sie sehen das Leben schwarz oder weiß mit einer Haltung, die zum Ausdruck bringt: Entweder ich oder keiner. Entweder man ist für oder gegen dieses Kind. Wenn man auf seiner Seite steht, kommt man auch ganz gut mit ihm aus. Aber wehe, man stellt sich gegen seine Ideen!

Choleriker wollen unbedingt, dass man ihr Bedürfnis, alles zu bestimmen, versteht. Wenn sie zu Hause klein gehalten werden und nicht als ein produktiver Teil der Familie angesehen sind, gehen sie auf die Straße und schlagen sich mit ihren Altersgenossen oder reißen in ihrer Klasse die Macht an sich – auch gegen den Lehrer. Das cholerische Kind sucht Ihre Reaktion. Selbst wenn Sie richtig ärgerlich werden, ist ihm das die Sache wert.

Sue war eine liebenswürdige, umgängliche Mutter mit einem cholerischen Kind. Als Terry kaum drei Jahre alt war, war Sue am Ende ihrer Nervenkräfte, weil er nicht gehorchen wollte, ständig energiegeladen war und sie mit Freuden an den Rand der Verzweiflung brachte. Einmal lag Sue auf der Couch und sah zu, wie Terry spielte. Ohne Vorwarnung ging er irgendwann an den Plattenspieler und zog die LPs hervor, die ihr besonders am Herzen lagen. Anschließend zerrte er mit offensichtlicher Freude alle Platten aus ihrer Hülle. Doch erst als er die Schallplatten auf dem Teppich ausbreitete und darauf herumtanzte, griff sie ein.

Sue gebot ihm, sofort aufzuhören. Aber das spornte ihn nur noch mehr an. Sue schnellte von der Couch hoch und schrie ihn an. Terry war begeistert, dass er sie auf die Beine gebracht hatte und tanzte nur noch wilder auf den Schallplatten herum und wirbelte dabei mit seinen kleinen Armen durch die Luft. Sue war außer sich. Aber ihr Geschrei machte ihm überhaupt nichts aus.

Sue musste lernen, Terry sofort bei den ersten Anzeichen von Schwierigkeiten an die kurze Leine zu nehmen und nicht nachzugeben. Das cholerische Kind braucht Anerkennung für und Kontrolle über etwas, seien es seine Spielsachen, sein Zimmer, die Papierkörbe, der Hund oder die schmutzige Wäsche. Aber geben Sie Acht, dass es nicht die Kontrolle über Sie gewinnt!

Gemeinsam Regeln aufstellen

Choleriker wissen, dass sie im Leben Regeln brauchen, aber sie selbst wollen diese Regeln aufstellen. Sie glauben tatsächlich felsenfest, dass es ihre Sache ist, diese Regeln zu schaffen, und dass der Rest der Welt für ihre Richtungsweisung dankbar sein sollte.

So passte der vierjährige Dallas bereits auf, dass seine Oma „auch alles richtig machte". Wenn sie ins Auto stiegen, sagte Dallas: „Schnall dich an, Omi! Hast du auch genug Benzin? Steht der Zeiger auf F oder E? Fahr nicht zu schnell! Leg beide Hände ans Lenkrad! Dreh dich nicht zur Seite, wenn du fährst! Sonst knallt's!"

Der kleine Dallas hatte keine Ahnung, dass seine Omi selbst kurz vorm Durchknallen war!

Eines Tages holte Dallas mit seinem Papa seine Großeltern ab und sie fuhren gemeinsam zum Flughafen. Beim Einsteigen zeigte er auf seinen Großvater und sagte: „Du setzt dich nach vorn und kannst dich mit Papa unterhalten. Omi und ich unterhalten uns gemütlich hinten."

Alle setzten sich so, wie Dallas es angeordnet hatte, bis Opa, der für einen Augenblick die Anweisungen seines Enkels vergessen hatte, Großmutter eine Frage stellte. Sofort wies Dallas ihn zurecht: „Das kannst du sie später fragen, Opa. Denk an die Abmachung!"

Machen Sie dem Choleriker Mut, sein Leben zu strukturieren, Regeln aufzustellen und sich Ziele für seine eigenen Aktivitäten zu setzen. Aber lassen Sie sich von ihm keinen Tagesplan aufstellen, nur weil das Kerlchen altklug ist.

Es gibt nur einen Weg: Meinen!

Dass Choleriker ihren eigenen Kopf haben, ist nur eine harmlose Beschreibung von dem, was Sie mit ihnen erleben können. Sie sind vielmehr wild entschlossen, nur das zu tun, was sie für richtig halten.

Lauren bekam mit fünf Jahren Ballettunterricht. Bei einer Aufführung war Lauren die Letzte in ihrer Gruppe, die die Bühne betrat. Während der Vorführung war jedoch das Mädchen vor Lauren nicht schnell genug. Woraufhin Lauren das Mädchen mit einem Lächeln zum Publikum und ohne aus dem Takt zu geraten zur Seite schubste. Diese Lektion muss jeder lernen, der ihr in die Quere kommt!

Eine andere Mutter erzählte mir von der Tanzaufführung ihrer dreijährigen Courtney. Mitten in der Gruppenvorführung hatte die Kleine keine Lust mehr zu tanzen und setzte sich einfach auf die Bühne. Die Lehrerin versuchte, sie zum Aufstehen zu bewegen, aber sie rührte sich nicht, bis der Tanz vorbei war. Dann stand sie auf, verbeugte sich und tanzte mit den anderen von der Bühne.

Ganz gleich, worum es sich handelt, Choleriker sind dazu bestimmt, Dinge auf ihre Art und Weise zu tun. Sie bestimmen den Weg und es gibt für sie nur diesen einen Weg!

Der cholerische Johnny hatte sich daneben benommen und wurde auf sein Zimmer geschickt. Kurz darauf tauchte er wieder auf und erzählte seiner Mutter, für ihn sei die Sache wieder gut und er habe auch gebetet.

„Fein“, sagte seine Mutter daraufhin erfreut. „Wenn du Gott bittest, dass du dich gut benimmst, wird er dir dabei helfen.“

„Oh“, antwortete Johnny ohne Zögern, „ich habe nicht gebetet, dass er mir hilft, mich gut zu benehmen. Ich habe ihn gebeten, dir zu helfen, mich zu verstehen.“

Choleriker sind dazu berufen, den Rest der Welt nach ihrer Pfeife tanzen zu lassen!

Wenn sie wollen, sind sie perfekt

Cholerische Kinder sind keine Perfektionisten wie Melancholiker, aber sie wollen, das alles *richtig* läuft, wenn eine Sache für sie wichtig ist. Was „richtig" bedeutet, kann für jedes Kind anders aussehen, und die Entscheidung, auf welchem Gebiet das Kind pingelig sein wird, fällt in den ersten Lebensjahren.

Klein Susis erstes Wort war Nein. Sie benutzte es lautstark und bestimmte damit ihren eigenen Weg. In ihrem Hochstuhl aß sie zum Beispiel erst dann, wenn alle Türen in der Küche geschlossen waren. Es dauerte natürlich eine Weile, bis die Mutter verstanden hatte, dass Susis Geheule und das auf die Wand gerichtete Fingerchen bedeuteten: „Ich esse erst, wenn du die Türen geschlossen hast".

Sobald Susi an ihr Bücherbrett in ihrem Zimmer reichen konnte, stellte sie alle Stofftiere der Reihe nach auf. Wenn ihre Mutter die Tiere anrührte, um Staub zu wischen, und sie anschließend nicht mehr in der richtigen Reihenfolge standen, schrie Susi so laut, bis ihre Mutter die Stofftiere nach den Anweisungen ihres Töchterchens neu ordnete. Susi hatte auf diese Weise nicht nur ihre Stofftiere in der Reihe!

Wenn ich nicht gewinne, spiel ich nicht!

Choleriker wollen Aktivitäten, die sie herausfordern und begeistern und bei denen sie vor allem gewinnen können. Ihr Motto lautet: „Wenn ich nicht gewinne, spiele ich nicht mehr mit!" Sie wollen bei allem die Besten sein und stellen gern Rekorde auf. Gerne spielen sie in einem Team, wenn sie sehen, dass sie hervorstechen können, aber sie lassen sich nicht in die Gruppe eingliedern. Kein Wunder also, dass sie Kraftsport bevorzugen, bei dem sie ihre Stärke zeigen können. Es liegt ihnen einfach im Blut, die Kontrolle zu übernehmen, deshalb steigen sie auch überall schnell auf.

Bev berichtete von ihrem ersten gemeinsamen Bowlingnachmittag mit ihrem Mann und den Kindern. Schon beim zweiten Durchgang des allerersten Spiels war Anna bereits niedergeschlagen, weil sie nicht sehr gut abgeschnitten hatte. Sie kam an den Tisch und beklagte sich: „Ich verliere! Das ist schrecklich!"

Bev aber machte ihr Mut und sagte: „Wir haben gerade erst angefangen. Ich dachte, wir wollten unseren Spaß haben!"

Doch ihre Tochter schüttelte nur den Kopf und antwortete: „Ich bin nicht hier, weil ich Spaß haben will. Ich bin hier, weil ich gewinnen will! Ich dachte, ich könnte beim Bowling gewinnen!"

Bis an die eigenen Grenzen gehen

Choleriker testen gern aus, wie weit sie gehen können. Ihr Geist ist immer rege. Wenn Sie bemerken, dass man nur eine Sekunde nicht aufpasst, holen sie zum Schlag aus. Und auch Meuterei ist eine Möglichkeit der Macht!

Als Lauren noch in den Kindergarten ging, sagte mir ihre Erzieherin: „Ich brauche mir keine Gedanken zu machen, wenn ich einmal nicht pünktlich in der Schule sein kann. Lauren hat die Gruppe schon im Griff!"

Offensichtlich hatte meine Tochter schon einige Versuche unternommen, die Klasse von ihr zu übernehmen!

Der Knopfdruck

Cholerische Kinder übernehmen mit Freuden Situationen, die ihren Eltern entgleiten. Wenn sie eine Sache unter ihre Kontrolle bringen oder ihre Eltern in Aufregung versetzen können, ist das ein Erfolgserlebnis für cholerische Kinder. Ihr rebellischer kleiner Verstand erfasst solche Gelegenheiten instinktiv und sie machen für sich einen Triumphzug daraus.

Kay fuhr mit ihrer 18 Monate alten Caroline zur Tankstelle. Als sie dort angekommen waren, stieg Kay aus und ließ dabei den Schlüssel stecken. Als sie wieder ins Auto steigen wollte, nachdem sie getankt hatte, stellte sie fest, dass Caroline auf den Sicherheitsknopf gedrückt hatte. Die Autotüren waren alle verschlossen.

Kay verlegte sich nun auf liebevolles Bitten: „Drück noch mal auf den Knopf, Liebling, damit Mami ins Auto steigen kann.“

Caroline grinste nur und rührte sich nicht. Kays liebenswerte Reden wurden immer länger, aber Caroline wollte ihre Mutter nicht mehr ins Auto lassen. Kay versuchte es schließlich mit Bestechung und versprach: „Ich kaufe dir auch ein Eis“. Doch Caroline lächelte nur. Woraufhin Kay begann, gegen die Scheiben zu schlagen.

„Lass mich rein! Lass mich rein!“, schrie sie nun. Leute eilten herbei und wollten sehen, warum Kay so hysterisch schrie.

Ein Mann sagte zu Kay: „Beruhigen Sie sich. Ich erkläre dem Kind, was es tun soll.“

Behutsam sagte er zu Caroline: „Drück auf den kleinen Knopf, Süße. Nur auf das Knöpfchen drücken.“

Caroline zeigte zwar auf den Knopf, drückte aber nicht drauf. Der Mann war schnell frustriert und gab auf. Alle, die um das Auto herum standen, riefen Caroline etwas zu. Aber sie weigerte sich, zu reagieren. Ihr machte die Sache einen Riesenspaß. Endlich schaffte es ein Mann, mit einem Werkzeug die Scheibe so weit hinunterzubewegen, dass er mit einem Gegenstand den Knopf drücken konnte.

Caroline lächelte nur und begrüßte ihre neue Freunde mit „Hi!“, während eine am Boden zerstörte Kay sich auf den Sitz fallen ließ und davonfuhr.

Einem cholerischen Kind macht es in jedem Alter große Freude, eine ganze Erwachsenentruppe zu beherrschen. Wieder ein paradiesischer Tag mehr!

Ohne Folgen für mich!

Cholerische Kinder versuchen oft, ihre Eltern zu manipulieren und hinters Licht zu führen und gleichzeitig zu vermeiden, die Konsequenzen dafür zu tragen.

An einem Muttertag war Dianes neunjährige Tochter Shanna wieder einmal ungezogen und dickköpfig. Nach dem Gottesdienst war die Familie als Geschenk für die Mutter in ein Restaurant zum Essen gegangen, wo Shanna unbedingt in den Thekenbereich gehen wollte, wo es Spielautomaten gab. Diane und ihr Mann verboten es ihr. Während sie sich alle miteinander unterhielten, verschwand Shanna auf der Toilette – zumindest glaubten das die Eltern, bis ihre Tochter mit einem leuchtend bunten Gummiball zurückkam. Der Ball wurde von den Eltern blitzschnell konfisziert und zur Strafe sollte Shanna eine Stunde in ihrem Zimmer bleiben, sobald sie wieder zu Hause waren. Shanna antwortete, das mache ihr gar nichts aus, weil sie ohnehin müde sei und gern ein Schläfchen halten würde.

Choleriker tun gerne so, als mache ihnen eine Bestrafung überhaupt nichts aus. Das ist bereits Teil ihrer Rache.

Zu Hause angekommen, genoss Diane einen friedlichen Nachmittag, ohne dass eines ihrer Kinder auftauchte. Erst als sie Shannas Geschrei hörte, stellte sie fest, dass nicht alles so friedlich war, wie sie angenommen hatte. Anstatt den Nachmittag in ihrem Zimmer zu verbringen, wie ihr befohlen worden war, hatte sich Shanna im Kofferraum des Autos eingeschlossen, weil sie der festen Überzeugung gewesen war, dass ihre Mutter sie irgendwann suchen würde. Leider ging der Schuss dieses Mal nach hinten los. Sie hatte nicht ihre Mutter, sondern sich selbst in Angst versetzt, als niemand nach ihr suchte.

Choleriker tun fast alles, um ihren Willen durchzusetzen!

Erst handeln, dann denken

Cholerische Kinder müssen nicht nachdenken; sie handeln einfach sofort.

Meine Mutter machte mir im Allgemeinen keine Vorschriften bezüglich der Erziehung meiner Kinder. Aber sie sagte des öfteren unseren Kindern, was ich ihrer Meinung nach tun sollte. Marita hatte als Kind langes feines Haar und ich kämmte es ihr zum Pferdeschwanz, befestigte ihn mit einem Gummiband und steckte das Haar auf ihrem Kopf zu einem Krönchen auf.

Eines Tags kämmte meine Mutter Maritas Haar und fragte wie so oft: „Warum schneidet dir deine Mutter das Haar nicht ab?"

Die vierjährige Marita war es leid, sich Omis Vorschläge anzuhören. Deshalb kam sie eines Tages zu mir in die Küche, in der einen Hand die Schere, in der anderen Hand ihren Pferdeschwanz. Ich schrie auf, als sie mir ihr Haar, in dem immer noch das Gummiband befestigt war, überreichte. „Hier. Omi sagt, mein Haar ist zu lang. Ich hab es abgeschnitten!“, war Maritas Kommentar.

Die dreijährige Kay schnitt sich einen Pippi-Langstrumpf-Zopf ab und reichte ihn ihrer Mutter zusammen mit einer Flasche Kleber. Ihre Mutter fiel fast in Ohnmacht, aber Kay tröstete sie: „Ärgere dich nicht, Mami. Ich kleb ihn wieder an!“

Cholerische Kinder machen sich selten Sorgen. Sie glauben stets daran, dass es immer eine Lösung gibt!

Wo sind deine guten Manieren?

Kindern gutes Benehmen beizubringen, war für Eltern zu allen Zeiten eine Herausforderung. Bei cholerischen Kindern kann es jedoch besonders schwierig werden, bis ein Erfolg sichtbar wird.

Am Abendbrottisch schrie die zweijährige Heather in lautem Befehlston: „Mehr Milch! Mehr Milch!“

Der Vater schaute seine Tochter streng an, füllte die Tasse mit Milch und fragte, bevor er sie vor Heather abstellte: „Was sagst du, wenn du etwas möchtest?“

Statt des erwarteten Wörtchens „bitte“, griff die Zweijährige nach seiner Hand, sah ihm keck in die Augen und sagte: „Nun mach schon!“

Auch Bijan machte es seiner Großmutter schwer. Eines Tages stürzte er in die Küche und befahl: „Cola! Cola! Cola!“

Seine Großmutter antwortete: „Du kannst eine Cola haben, aber was sagt man zuerst?“

„Pitte!“ sagte er rasch. (Er hatte Schwierigkeiten mit der Unterscheidung von b und p.)

Daraufhin goss seine Großmutter Cola in ein Glas und reichte es ihm. „Und was sagst du jetzt?“ fragte sie.

Er lächelte, erhob sein Glas und rief: „Prost!“

Selbst wenn Choleriker genau wissen, was sie sagen sollen, tun sie einem selten den Gefallen und geben die richtige Antwort. Es macht ihnen einfach Spaß, den anderen zu ärgern.

Tu selbst, was du sagst!

Cholerische Kinder tun nicht immer, was sie anderen Menschen raten. Mein cholerischer Enkel Bryan, er ist dreizehn Jahre alt, stürmte oft in sein Zimmer und knallte die Tür hinter sich zu, wenn es nicht nach seiner Nase ging. Anschließend verkroch er sich und sprach mit niemandem. Können Sie sich die Verwunderung meiner Tochter vorstellen, als Bryan einem Freund am Telefon den Rat gab: „Weißt du, was dein Problem ist? Du verbringst zu wenig Zeit mit deiner Familie."

Helfen Sie Ihrem Kind, dass es seine Inkonsequenz zwischen Wort und Tat erkennt und achten Sie darauf, dass auch Sie selbst tun, was Sie sagen.

Selbstbewusst oder großspurig?

Choleriker träumen hochtrabende Träume und sind davon überzeugt, dass sie sie auch erreichen. Tennisstar Martina Hingis ist eine typische Cholerikerin. Überzeugt von sich selbst und manchmal recht großspurig, spricht sie stolz von sich und ihren Leistungen. Manche halten sie deshalb für arrogant. Und Chris Evert hat über sie gesagt, dass sie noch nie Panik oder Furcht in den Augen von Martina Hingis gesehen habe. Martinas Mutter, Melanie Molitor, hat ihre Tochter bewusst nach Martina Navratilova genannt und sie damit „auf den Pfad von Weltruhm und Starallüren" gestoßen. Wie sie sagte, sei „der Traum aller Eltern ein Kind zu haben, das immer und überall das Beste sei, egal was es auch tue."[4] Aber hätte Martinas Mutter auch eine Superstar-Tochter erziehen können, wenn Martina nicht bereits mit dem cholerischen Anspruch des Gewinners geboren worden wäre?

Wenn Choleriker nicht gebremst werden, können sie so sehr von sich überzeugt sein, dass sie Freunde und selbst Erwachsene übertreffen. Schon als Krabbelkinder wirken sie überheblich und altklug, was, wenn sie größer werden, in Arroganz ausarten kann. Als Eltern müssen wir ihnen deshalb unbedingt den Unterschied zwischen selbstbewusst, schlau und großspurig beibringen.

Kapitel 6

Die Erziehung Ihres cholerischen Kindes

Eltern eines cholerischen Kindes müssen sich vom ersten Tag an auf ein Kräftespiel mit ihm einstellen. Diese Kinder sind aber auch für die Übernahme von Verantwortung wie geschaffen. Wer ihre naturgegebenen Führereigenschaften behutsam in die richtigen Bahnen lenkt, bahnt ihnen den Weg zum Erfolg.

Weil diese geborenen Führernaturen wissen, dass sie von Geburt an in der Verantwortung stehen, suchen sie nach Möglichkeiten, in denen sie die Kontrolle übernehmen können. Wenn Sie diesem Kind nicht einen angemessenen Verantwortungsbereich übergeben, übernimmt es aus sich heraus die Kontrolle für alles, was ihm in den Weg kommt – auch für Sie!

Bereits von der Wiege an kennen Choleriker ihre Rechte. Im Alter von drei Jahren spielte unser Enkel Bryan einmal mit einem Freund der Familie ein Spiel und hielt sich dabei nicht an die Regeln. Fred wies Bryan auf seinen Fehler hin.

Sofort konterte der Junge: „Das war nicht falsch. Ich habe Recht."

Es stimmt zwar, dass Choleriker Sachverhalte sehr gerecht beurteilen können, aber man muss bei cholerischen Kindern aufpassen, dass sie nicht schon bald „nach ihren eigenen Regeln spielen."

Wie Sanguiniker neigen auch willensstarke Choleriker dazu, ohne Rücksicht auf die Gefühle anderer einfach mit einer Sache herauszuplatzen. Sie wollen bestimmt niemanden verletzen, aber sie haben wenig Gespür für die Gefühle anderer Menschen. Ihr praktisches Naturell weist ihren Blick tatkräftig in eine bestimmte Richtung. Und sie verschenken keine Zeit für Mitleid an Menschen, die sich verletzt fühlen. Aus diesem Grund ist es wichtig, dass Sie Ihrem Kind helfen, dass es seine Sensibilität für seine Mitmenschen verbessert und sein Herz für Leidende öffnet.

Jeder Elternteil eines cholerischen Kindes wird feststellen, dass zu strenge elterliche Gewalt dem Familienklima nicht gut bekommt. Sie sollten vielmehr die Führungseigenschaften Ihres Kindes fördern und ihm dabei gleichzeitig ein gesundes Maß an Verantwortung übertragen. Achten Sie jedoch darauf, dass das cholerische Kind nicht vergisst, dass Sie die Gesamtverantwortung für die Familie tragen. Wie Sie mit dieser Aufgabe fertig werden, hängt von Ihrer Persönlichkeit als Vater oder Mutter ab.

Sanguinische Eltern mit einem cholerischen Kind

Sanguinische Eltern freuen sich über die Stärke ihrer hoch motivierten cholerischen Kinder. Sie werden auf die Leistungen ihrer Kinder stolz sein und sie gern mit allen Ehren ins Rampenlicht stellen. Die zweifache optimistische Einstellung dieser Kombination und die Bereitschaft der Eltern, dem Kind das Lob zu geben, das es so sehr erstrebt, macht sie zu einem starken Team. Sollten diese hoch motivierten Kinder allerdings mangelnde Entschlussfähigkeit bei einem Elternteil entdecken, wird sich unweigerlich über kurz oder lang ein Problem einstellen: Sie werden ihre Eltern beherrschen!

Wer hat hier die Verantwortung?

Sanguinische Eltern werden ihren cholerischen Kindern wahrscheinlich mehr Verantwortung zugestehen als ihnen gut tut. Weil diese Eltern nicht gern organisiert arbeiten und weil sie um jeden Preis geliebt werden wollen, werden sie alles tun, damit keine Situationen entstehen, die sie unbeliebt machen. Als Vater oder Mutter kann man nicht immer bei seinen dickköpfigen cholerischen Kindern beliebt sein. Denn wenn Eltern ihnen keine festen Grenzen setzen, kehren sich die Rollen schnell um.

Manchmal erlauben sanguinische Eltern ihren cholerischen Kindern tatsächlich, die Zeit selbst zu bestimmen, wann sie von ihren Freunden abgeholt werden wollen, und Vater oder Mutter akzeptieren die Ausreden ihrer Kinder, warum sie zu spät kommen.

Mit sechs Jahren war meine cholerische Tochter Lauren es leid, dass ich es immer wieder vergessen hatte, mich für den Kindergartendienst einzuteilen. Also suchte sie drei Wochen für mich aus und legte mir die Dienstliste ins Auto. Entschlossen übernahm sie meine Aufgabe, die ich nach ihrer Wahrnehmung offenbar nicht geregelt bekam.

Den kleinen Finger gereicht – die ganze Hand genommen

Wenn ein cholerischer Sohn im Teeny-Alter eine sanguinische Mutter hat, meint er oft, seine arme, zerfahrene Mutter beschützen zu müssen. Eine cholerische Teeny-Tochter dagegen verzweifelt an einer sanguinischen Mutter, übernimmt die Kontrolle über den Haushalt und wird die beste Freundin ihres Vaters.

Entdecken cholerische Kinder die Schwächen ihres sanguinischen Vaters, lernen sie schnell, ihn einzuwickeln und zu erreichen, was sie wollen, sei es ihren eigenen Weg zu gehen, ihr eigenes Auto zu haben oder ihr Taschengeld aufzubessern. Sanguinische Eltern sollten also immer im Blick haben, dass das cholerische Kind stets darauf aus ist, sich neue Territorien zu erobern, einige Drachen zu erschlagen und das Zepter selbst in die Hand zu nehmen.

Komm, ich helf dir!

Es ist ganz natürlich, dass cholerische Kinder sich für klüger halten als ihre sanguinischen Eltern.

Das Motto der sanguinischen Kathy lautet: „Wer gut aussieht, gilt als klug." Ihr Sohn Graham durchschaute schnell diese „kluge Verpackung" seiner Mutter und hilft ihr hin und wieder, dass ihre Maskerade nicht besonders auffällt. Eines Tages suchte Kathy ihre Sonnenbrille und wuselte hektisch überall herum.

„Was suchst du denn jetzt schon wieder!", fragte Graham in einem herablassenden Ton.

Als er hörte, dass ihre Sonnenbrille für den ganzen Aufruhr sorgte, nahm Graham seine Mutter bei der Hand und führte sie in die Küche. Er zeigte mit dem Finger auf die Sonnenbrille, die oben auf der Mehldose lag.

Und dann dozierte er: „Du legst die Brille doch immer dorthin. Du hast sie auf der Nase, gehst in die Küche, legst dort deine Einkäufe ab, stellst fest, wie dunkel es ist, nimmst die Brille von der Nase und legst sie auf die Mehldose. Jeder weiß, dass sie dort nicht hingehört und auch keinen Sinn macht. Aber genau das machst du! Gibt es sonst noch was zu suchen?“

Wenn sanguinische Eltern nicht Acht geben, verlieren cholerische Kinder vor ihnen den Respekt. Ihre Abhängigkeit von ihren tüchtigen Kindern führt zu einem Rollentausch, der früher oder später das Vertrauen des Kindes in die Eltern zerstört.

Cholerische Eltern mit einem cholerischen Kind

Die Stärke dieser tatkräftigen Kombination liegt in ihrem Streben nach Erfolg, ihrer Leistungsfähigkeit und dem Willen zur Verantwortung für den Rest der Familie. Gemeinsam können diese sich selbst motivierenden aufstrebenden Menschen fast alles erreichen. Und doch kann das ein unsanfter Ritt werden, wenn man bei ihrer lebendigen, zielstrebigen Natur mit dem absoluten Bedürfnis, jede Schlacht zu gewinnen, die Zügel schleifen lässt. Wenn eine cholerische Mutter (bzw. ein cholerischer Vater) und ein cholerisches Kind sich nicht in die Augen schauen oder miteinander Kompromisse schließen, wird ihr Leben zum Schlachtfeld und die übrigen Familienmitglieder werden zu Opfern.

Gemeinsam oder ausschließlich?

Im Idealfall haben ein cholerischer Vater oder eine cholerische Mutter mit ihrem cholerischen Kind das gleiche Ziel und steuern darauf zu. Zum Beispiel kann ein cholerischer, sportlicher Vater bei seinem Sohn Begeisterung für seine Sportart wecken und sie können gemeinsam diesem Sport ihre Freizeit widmen. Daraus erwächst eine bereichernde Gemeinschaft für Vater und Sohn. Allerdings müssen sie beide darauf achten, dass ihre gemeinsamen Ziele und gegenseitige Bewunderung sie nicht so sehr gefangen nehmen, dass sie alle übrigen Familienmitglieder ausschließen.

John hatte ein cholerisches Persönlichkeitsprofil. Dementsprechend setzte er sich eigene Maßstäbe für das, was ein richtiger Mann tut und lässt. Daneben ließ er nichts gelten. Entweder man passte in seine Schablone oder lag daneben. Da er selbständig war, hatte er auch im Beruf keinen Boss über sich, dessen Anweisungen er folgen musste. Außerdem hatte seine Familie bereits seit Generationen einen großen Einfluss auf die Kirchengemeinde, zumal sie die größten Geldgeber waren, und darum hatte John auch dort eine unwidersprochene Autorität.

Als es sich zeigte, dass sein ältester Sohn und Namensträger seine „männlichen" Interessen nicht teilte, stieß John Sr. seinen Ältesten zur Seite und konzentrierte sich auf seinen zweiten Sohn Rick. John Jr. interessierte sich nicht für die Jagd und lehnte es ab zu schießen. Außerdem reagierte er auf viele Bäume und Pflanzen allergisch. Rick dagegen streifte gern mit seinem Vater durch die Wälder. Waffen faszinierten ihn. Dieser Sport schmiedete Vater und Sohn zusammen. Doch die Beziehung zu seinem Ältesten litt sehr darunter.

John Jr. sagte mir einmal, dass sein Vater ihn von Anfang an spüren ließ, dass aus ihm nie ein „richtiger Mann" werden würde, wenn er nicht wie sein Bruder durch die Natur streife. Jedes Mal, wenn die beiden Jäger sich für ihre Streifzüge fertig machten, hieß es: „Zu schade, dass du nicht mitkommst." Der verächtliche Ton seines Vaters gab John das Gefühl eines Versagers. Seine Mutter tröstete und bemutterte ihn und hielt ihn bei sich im Haus.

Weil John musikalisch war, wurden ihm bei Schulaufführungen gerne Gesangsrollen zugeteilt, doch sein Vater verspottete ihn deswegen. Für ihn hatten solche Kinkerlitzchen keinen guten Einfluss auf einen Jungen. „So ein Weiberkram!", empörte er sich. „Einmal habe ich ihn im Trikot wie eine Elfe über die Bühne schweben sehen. Das hat mir gereicht. Ich bekomme Magenschmerzen, wenn ich meinen Sohn als Softy sehe. Seine Mutter hat einen Narren aus ihm gemacht!"

Hier war also ein starker, intellektueller und erfolgreicher Geschäftsmann und Kirchenältester, der alles und jeden unter Kontrolle hatte – nur nicht seinen ältesten Sohn. Ein typischer

Choleriker. Er zeigte keinerlei Einsicht, dass er vielleicht zu dem „Fehlverhalten“ seines Sohnes beigetragen haben könnte, sich nicht wie ein (nach seinen Vorstellungen) „richtiger“ Mann zu verhalten.

Willensstarke Eltern müssen ihre einseitigen Scheuklappen ablegen und wahrnehmen, dass ein Mensch, der anders ist, als es ihren persönlichen Vorstellungen entspricht, nicht zwangsläufig schlechter ist. Für willensstarke Persönlichkeiten ist es ganz selbstverständlich, dass sie vorrangig auf ihren eigenen Erfolg schauen und alle anderen Kanthölzer, die nicht in ihre cholerischen runden Löcher passen, scharf verurteilen. Wenn es sich bei dem *aus der Art geschlagenen Kind* um ein eigenes handelt, kann das Verhalten eines Cholerikers böse Folgen haben.

Immer neue Zusammenstöße

Neben cholerischen Eltern und Kindern, die im Duo perfekt zusammenarbeiten, gibt es aber auch manchmal genau das Gegenteil. Beide wollen gewinnen und sie greifen einander ständig an, wobei keiner nachgeben will. Jeder pocht auf sein eigenes Recht. Diese beiden sich bekämpfenden starken Persönlichkeiten gehören an den Verhandlungstisch. Ein solches Treffen gleicht dann häufig einer Friedensverhandlung unter zerstrittenen Nationen, denn auch hier müssen Regeln zum Frieden und zur Versöhnung festgelegt werden. Möglicherweise braucht es dazu einen unparteiischen Außenstehenden, vielleicht einen Interventions- oder Konfrontations-Therapeuten, der deutlich machen kann, wie sehr diese ständigen Zusammenstöße jedem Einzelnen und dem Familienzusammenhalt schaden. Selten kommen Kampfhähne von selbst zu einer Einigung.

Vor allem wenn Sie als Vater oder Mutter eine Neigung zum Streiten haben, dürfen Sie nicht zulassen, dass solche Machtkämpfe zur Norm werden. Sprechen Sie vielmehr über ihre Meinungsverschiedenheiten, setzen Sie angemessene Regeln fest und halten Sie sich daran! Denn sobald Sie sich ärgern, haben die Kinder bereits gewonnen, weil Sie sich aufregen. Sie werden Ihre Kinder die Kunst des Kompromisses lehren müssen und ihnen selbst dabei ein Vorbild sein!

Ich gebe auf!

Wenn ein cholerischer Vater oder eine cholerische Mutter mit einem cholerischen Kind weder gemeinsame Sache macht noch sich ständig mit ihm streitet, liegt der Verdacht nahe, dass einer von ihnen aufgegeben hat, sich hinter einer Maske versteckt und Gleichgültigkeit vortäuscht. Das sieht nach einer friedlichen Lösung für den, der die Oberhand gewonnen hat, aus. Allerdings ist ein solcher Friede nicht von Dauer. Eines schönen Tages fliegen die Fetzen erneut und jeder im Umfeld bekommt etwas davon ab.

Ich kenne eine cholerische Mutter, die alles und jeden unter Kontrolle hatte, nur nicht ihre jüngste Tochter. Das Kind gab sich schrecklich überlegen und schaffte es sogar, ihre willensstarke Mutter zu beherrschen. Das Kind tat, was es wollte, sagte ihren Geschwistern jeden Tag, was sie anzuziehen hatten und wählte das Restaurant aus, wenn die Familie essen ging.

Eines Tages, als sie ihrer Mutter Vorwürfe machte, weil sie den Hund nicht rechtzeitig gefüttert hatte, platzte die Bombe. Plötzlich stellte die Mutter fest, dass sie es zugelassen hatte, dass ihr Kind ihre Position einnahm. Sie wurde so wütend, dass sie ihre Tochter schlug und sie mit dem Kopf gegen die Wand stieß. Das Mädchen konnte nicht verstehen, warum ihre Mutter so wütend geworden war. Sie hatte doch nur erwähnt, dass der Hund Hunger hatte!

Wenn wir unser natürliches Temperament für einige Zeit verbergen, bricht es aus uns heraus, wenn wir am wenigsten damit rechnen. Wer einen solchen Wutausbruch vermeiden will, muss verstehen lernen, dass zwei Choleriker in einer Familie sich gegenseitig beherrschen wollen. Darüber muss geredet werden und die Autorität muss in einer Familie richtig verteilt sein. Wenn Sie das Kräfteverhältnis von Anfang an und immer wieder neu klarstellen, ersparen Sie der gesamten Familie eine Menge Kummer.

Melancholische Eltern mit einem cholerischen Kind

Eine melancholische Mutter oder ein melancholischer Vater und ein cholerisches Kind können von Natur aus gut organisieren und sie stellen gerne Tabellen auf. Das cholerische Kind tut dabei, was es für richtig hält. Wenn das mit der perfektionistischen Art von Vater oder Mutter übereinstimmt, ist die Beziehung gut.

Im Gegensatz zum sanguinischen Kind weiß das cholerische genau, welcher Wochentag gerade ist und es kann seine Eltern normalerweise gut verstehen. Die Eltern sollten die Führungseigenschaft ihres Kindes jedoch nicht unterdrücken, sondern Seite an Seite mit ihrem Kind zusammenarbeiten. Mit diesem Wissen sollten sie genau festlegen, was ihre Zustimmung findet und dem Kind immer wieder sagen, wie sehr sie seine Hilfe in der Familie wertschätzen. Choleriker, die stets in ihrer Arbeit bestätigt werden, lassen sich zu Höchstleitungen anspornen und werden Ihnen viel Arbeit abnehmen. Diese Kinder werden nicht nur ihre Aufgaben erfüllen, sondern noch zusätzliche Aufgaben übernehmen, die Sie gar nicht verlangt haben. Denken Sie trotzdem immer daran, dass das cholerische Kind für seine Mühe Anerkennung braucht.

Ehre, wem Ehre gebührt

Sollten Sie nicht verstehen, warum Ihr Kind ständige Anerkennung braucht, kommen Sie in Schwierigkeiten. Sie geraten in einen Kampf, den sie nie gewinnen werden, falls Sie und Ihr Kind gegeneinander arbeiten. Das cholerische Kind kann sofort hinterhältig werden und manipulieren und kann alle, die es gegen Sie aufbringt, auf seine Seite ziehen.

Nun ringen Sie nicht gleich verzweifelt die Hände! In diesem Fall heißt Vorwarnung rechtzeitige Schutzmaßnahmen. Ihr superfleißiges Kind braucht tägliche Herausforderungen und ständige Bestätigung. Von Natur aus liegt das einem Melancholiker nicht, der sein Lob typgemäß nur für perfekt ausgeführte Arbeiten verteilt und sehr oft Komplimente mit Kritik verbindet („das ist ganz großartig, aber ...“). Wenn Sie diese Differenz zwischen sich und Ihrem Kind zur Kenntnis nehmen, können Sie jedoch lernen, Lob und Belehrungen voneinander zu trennen. Fragen Sie sich dabei einmal selbst: Ist mir mein Beharren auf Perfektion das Risiko wert?

Wie meine Mutter könnten auch Sie befürchten, dass Komplimente Ihr Kind stolz machen. Da Sie aber wissen, dass Ihr junger Choleriker nur an Ihrer Seite bleibt, wenn er weiß, dass Sie das, was er für Sie getan hat, auch wertschätzen, können fehlende Anerkennung und mangelndes Lob nur Meuterei auslösen. Betrachten Sie Ihr Kind einmal aus dieser Perspektive! Erkennen Sie wirklich, wie wichtig es ist, dass Sie die emotionalen Bedürfnisse Ihres Kindes befriedigen und es auf Ihrer Seite halten?

Das schafft der liebe Gott nicht so schnell!

Was Gehorsam angeht, können cholerische Kinder entsetzlich stur sein. Erwarten Sie nicht, dass nur, weil Sie eine vernünftige melancholische Reaktion auf die Unart Ihres Kindes zeigen, das Ergebnis immer so ist, wie Sie es erwarten oder wann Sie es erwarten.

Debbys melancholische Mutter war eine peinlich saubere Hausfrau. Als kleines Kind wohnte Debby mit ihren Eltern in einer Wohnung im zweiten Stock eines sehr alten Hauses. Weil die Räume keinen Teppichboden hatten, hatte die Mutter überall Teppiche ausgelegt. Debby war eine typische Cholerikerin – sie hatte immer etwas zu erledigen, brachte immer etwas durcheinander und war immer in Aktion.

Eines Tages wurde es Debbys Mutter zu viel! Mehrfach schon hatte sie ihre kleine Tochter ermahnt: „Nun sei schön leise und ein liebes Kind“. Doch jetzt reichte es! Gerade wollte die Mutter ihren blitzblank geputzten Fußboden bewundern, da entdeckte sie, wie ihr Liebling – das grinsende Monster – hinter ihrem Rücken die Teppiche verschob und dabei Kekskrümel auf dem frisch geputzten Boden verteilte. Das brachte das Fass zum Überlaufen!

„Debby, du verschwindest sofort in deinem Bett!“, schrie die Mutter, hob ihre Tochter hoch und steckte sie unter die Bettdecke. „Knie dich hin und bitte Gott, dass er aus dir ein liebes kleines Mädchen macht!“

Debby kniete sich in ihr Bettchen und bat Gott, aus ihr ein liebes kleines Mädchen zu machen. Kaum hatte die Mutter die Tür des Kinderzimmers hinter sich geschlossen, begann Debby zu toben. Ihre Mutter riss die Tür auf. Debbys Stofftiere lagen überall im Zimmer verstreut, auch das Kopfkissen und ihre Decke hatte sie auf den Boden geworfen. Dieses *liebe kleine Mädchen* hopste vergnügt in ihrem Bett auf und ab und jauchzte vor Entzücken.

„Debby! Was machst du da! Hast du nicht gerade den lieben Gott gebeten, dass er ein liebes kleines Mädchen aus dir macht?", fragte ihre Mutter streng.

Die Kleine hopste begeistert weiter und rief atemlos zurück: „Das schafft der aber nicht so schnell!"

Machen Sie sich darauf gefasst, dass willensstarke, herrschsüchtige Choleriker ihre Zeit selbst bestimmen wollen, wann sie zu gehorchen gedenken!

Phlegmatische Eltern mit einem cholerischen Kind

Die anstrengendste Kombination ist wahrscheinlich: phlegmatische Eltern mit einem oder mehreren cholerischen Kindern. Die Eltern möchten ruhig und gelassen mit ihren cholerischen Kindern umgehen, während diese aufgrund ihres Temperaments ständig die Macht ergreifen wollen und nach Taten verlangen.

Diese Eltern-Kind-Kombination kann nur gelingen, wenn die von Natur aus zurückhaltenden Eltern von Anfang an die Kontrolle übernehmen und die Bereiche des Kindes genau abstecken, bis es reif genug ist, eigenverantwortlich zu handeln. Es wird eine Katastrophe, wenn die Eltern zu schwach sind und sie dem Kind keinen Gehorsam abverlangen, sondern ihm die Macht überlassen, bevor es überhaupt verstehen kann, was Macht bedeutet.

Sharons erstes Kind war von Anfang an friedliebend, ganz pflegeleicht und es schlief gern. Ihr zweites Kind, ein Junge, war genau das Gegenteil – vom ersten Tag an verlangte er sein Recht. Reichte Sharon ihm die rechte Brust, stieß er sie zur Seite und brüllte. Er akzeptierte nur die linke Seite. Sobald sie ihn auf der „falschen Seite" anlegte, wandte er sich ab und brüllte. Also gab sie ihm „seine“ Seite. Sharon ließ ihn hungern, bis er sich die Fäuste in den Mund stopfte. Aber er verweigerte die „falsche Seite“. Dieses machthungrige Baby beherrschte seine Mutter von Geburt an. Ein ganzes Jahr lang wankte seine Mutter wie ein schiefes Kamel durch die Gegend!

Aus der Balance geraten

Bei der Eltern-Kind-Kombination Phlegmatiker-Choleriker schlägt die Waage leicht in die falsche Richtung aus. Denn das Kind hat einen inneren Mechanismus, der ihm sagt: Du kannst die Kontrolle übernehmen, wenn du anhaltend genug auf einer Sache beharrst.

Die friedliebende Brenda gebar ihren Sohn Michael. Jeder rechnete damit, dass er so ruhig und phlegmatisch wie seine Eltern würde. Aber der Kleine überraschte alle. Noch bevor er sprechen konnte, gab er grunzende Laute von sich und wies mit dem Finger in eine Richtung. Sein erster vollständiger Satz lautete: „Ich kann das allein.“ Als Michael zwei Jahre alt wurde, hatte er seine Eltern voll im Griff und sie trafen ihre Entscheidungen nur noch mit ihm zusammen. Eines Tages spielte Brenda mit Michael auf dem Fußboden und fragte ihn: „Lässt du mich aufstehen, Michael?“

„Bleib du schön brav sitzen“, war die Antwort des Dreikäsehoch. Also blieb Brenda brav sitzen.

Und Michaels kleine Schwester macht es genauso. Heidi ist noch nicht ganz zwei Jahre alt, aber sie zieht ihre Mutter an die richtige Stelle und sagt ihr, wohin sie sich setzen soll. Wenn Brenda irgendwo anders sitzt, zerrt Heidi so lange an ihr, bis sie ihr folgt.

Brenda erzählte mir einmal, sie müsse sich jeden Morgen neu zu strengen Maßnahmen zwingen und sich durchsetzen, damit der Tag ihr nicht entgleite. Wenn sie auch nur etwas von der vorgegebenen Richtung abweicht, nutzen Michael und Heidi das sofort aus. Sie müssen gar nicht erst darüber nachdenken! Sie übernehmen instinktiv die Kontrolle.

Es bringt ihn nicht um

Cholerische Kinder lieben phlegmatische Eltern, weil sie „pflegeleicht" und umgänglich sind und sich keine großen Sorgen um ihr Kind machen. Ich höre meine Mutter immer noch sagen: „Solange ich nichts höre oder sehe, mache ich mir keine Sorgen darüber, was du tust".

Es war an einem Ostersonntag. Wir saßen als Familie zusammen und ich beobachtete meinen zweijährigen Enkel Bryan, der neben Maritas beiden Schnauzer-Welpen und deren Futternapf saß. Bryan fütterte die kleinen Hunde und ich sah, wie er jedem Hündchen ein Futterstückchen in die Schnauze steckte und sich selbst auch ein Stück in den Mund stopfte. Ich machte meinen Schwiegersohn Randy darauf aufmerksam.

„Bryan, lass das. Iss den Hunden nicht ihr Futter weg", mahnte Randy ihn sanft.

Bryan schaute seinem Vater jedoch fest in die Augen, nahm noch ein Stück Hundefutter, steckte es sich in den Mund und lächelte seinen Vater an. Randy zuckte daraufhin nur mit den Schultern und meinte zu mir: „Das bisschen Hundefutter bringt ihn nicht um."

Für friedliebende Eltern ist es immer leichter, das willensstarke Kind nicht zu bedrängen. Ein charmantes, aggressives Kind wird daraus mehr Oberwasser für sich gewinnen, als man sich vorstellen kann.

Langsames Köcheln führt unweigerlich zu einer Explosion

Phlegmatische Eltern sollten darauf achten, dass sie nicht alles schlucken, nur um Konflikte zu vermeiden, denn zum Schluss werden sie vor Ärger platzen.

Serena saß am Computer und ließ derweil ihre drei Kleinen in der Küche toben. Mit einem Seitenblick konnte sie sehen, wie ihre cholerische Tochter Kristin auf den Schrank kletterte und nach dem Kochtopf griff. Serena wollte zwar, dass ihre Tochter vom Schrank herunterkam, hatte aber zunächst ihre Kletterkünste ignoriert, weil sie ihre Arbeit nicht unterbrechen wollte. Sie wusste, ein schärferer Ton bedeutete Kampf.

„Kristin, komm da runter", sagte Serena ruhig.

Kristin dachte nicht daran und kletterte munter weiter.

Serena wiederholte ihre Forderung etwas lauter mit der Warnung: „Kristin, komm sofort da runter, sonst gibt's was!"

Kristin kletterte seelenruhig weiter. Serena irritierte das zwar, hatte aber keine Lust, sich auf eine Auseinandersetzung mit ihrer Tochter einzulassen.

In der Hoffnung, Kristin würde doch noch nachgeben, wiederholte Serena ihre Warnung noch etwas lauter und fügte hinzu: „Und ich meine, was ich sage!"

Kristin ließ sich weiterhin nicht aufhalten und Serena spürte, wie ihr Herz zu rasen begann und ihr das Blut vor Wut ins Gesicht schoss.

Endlich, als Kristin bis zum Kochtopf vorgedrungen war, sprang Serena von ihrem Stuhl auf, riss dabei den Computer fast vom Tisch und schnappte sich Kristin, schlug ihr ins Gesicht und schrie: „Und du gehst sofort hier runter!"

In dem Moment heulten alle Kinder gleichzeitig los. Serena hatte die Beherrschung verloren und ärgerte und schämte sich zugleich über ihr unmögliches Benehmen der Tochter gegenüber.

Phlegmatische Eltern sollten darauf achten, dass sie in ihrem Bemühen, Konflikte oder Auseinandersetzungen zu vermeiden, ihren Ärger nicht anwachsen lassen. Dazu sollten sie ihre natürliche Neigung, eine kritische Situation zu ignorieren, überwinden lernen und sich der oft mühsamen Problemlösung stellen. Serena hat gelernt, dass sie ihre Kinder einmal warnt und dann das, was sie gerade tut, unterbricht, aufsteht und handelt, bevor ihre Wut weiter wächst.

Leichter ist nicht gleich gesünder

Es ist für eine phlegmatische Mutter oder einen phlegmatischen Vater leichter, auf gesunde Grenzen für ihre cholerischen Kinder zu verzichten. Mit der Zeit führt das jedoch zu starken emotionalen Schäden.

Die phlegmatische Stephanie zum Beispiel lebt als allein erziehende Mutter mit ihrer dreijährigen cholerischen Viktoria zu

Hause bei ihrem Vater. Seitdem Viktoria krabbeln kann, hat sie den ganzen Haushalt für sich vereinnahmt, weil weder ihre Mutter noch ihr Großvater Grenzen setzen oder erzwingen wollten. Es ist einfacher, Viktoria gewähren zu lassen. Wenn sie bei Freunden zu Besuch sind, setzt Viktoria leider auch dort ihr selbstsüchtiges, forderndes Benehmen durch, sodass niemand mehr sie mag. Obwohl Viktoria ganz entzückend und mit ihrem Lockenkopf bildhübsch ist, mag sie niemand leiden, weil sie kein bisschen erzogen ist.

Phlegmatische Eltern müssen Acht geben, dass sie sich bei ihren Kindern nicht ausschließlich um ihre Ernährung, genügend Schlaf und zur Schule fahren kümmern. Ein Kind, das keine gesunden Grenzen kennt und einhält, wird zwangsläufig isoliert und wird sich dadurch ein Leben lang abgelehnt fühlen.

Ich wusste doch, dass du dich aufregst!

Cholerische Kinder wissen instinktiv, wie sie ihr Ziel erreichen können. Bei einem normalerweise gutmütigen Phlegmatiker haben sie dabei ein ganz besonders leichtes Spiel.

Ashley wollte fort und bat ihre Tochter Lauren, ihre Sachen aus dem Auto zu nehmen, damit sie rasch losfahren konnte. Sie hatte es sehr eilig und wollte, das Lauren es sofort tat. Als Ashley nach einer letzten Besorgung im Haus ans Auto trat, saß Lauren mit verschränkten Armen und gekreuzten Beinen hinten im Auto, eine Sonnenbrille auf der Nase und rührte sich nicht.

Ashleys Stimme hob sich um einige Oktaven, als sie fragte: „Lauren! Habe ich dir nicht gesagt, ich möchte, dass du fertig bist, wenn ich wiederkomme?!"

Lauren nahm langsam und vorsichtig ihre Sonnenbrille von der Nase und antwortete der Mutter: „Wusste ich doch, dass du dich aufregst. Ich hatte also wieder einmal Recht!"

Kinder, die sich selbst erziehen

Cholerische Kinder übernehmen häufig für ihre Eltern die Erzieherrolle und erziehen sich selbst. Diese Art der Vernachlässigung kann im Kind ein Gefühl der Verlassenheit erzeugen.

Die phlegmatische Mutter der willensstarken Gaby übernahm die Kinderrolle ihrer Tochter. Der Vater war Alkoholiker und so übernahm Gaby wie selbstverständlich die Rolle des Erziehers. Von Jugend an traf Gaby ihre Entscheidungen allein. Die Familie hatte kein Auto. Also musste sie sich Fahrgelegenheiten beschaffen, wenn sie irgendwohin wollte. Sie setzte sich selbst ihre Ausgehzeiten, bestimmte selbst ihre Klavierübungsstunden und ihre Zeit für die Hausaufgaben, sie kümmerte sich selbst um Stipendien und schaffte es alleine aufs College. Später plante sie ihre eigene Hochzeit und bezahlte sie auch. Sie ist glücklich, dass ein Mann ihr jetzt zur Seite steht und zur Abwechslung einmal jemand für sie sorgt.

Gabys Mutter ist inzwischen in Pension und es hat sich nichts geändert. Sie hat sich in allen Entscheidungen von ihrer Tochter völlig abhängig gemacht. Gaby ist bewusst, dass ihre Mutter nur tat, was sie in ihrer Situation zu tun vermochte und ihrem phlegmatischen Temperament entsprach. Den emotionalen Schmerz jedoch, den sie als Kind durch die mangelnde Unterstützung ihrer Eltern erlitt, wird sie nicht mehr los.

Auf sich selbst achten

Phlegmatische Eltern können sich leicht bei der Erziehung ihrer cholerischen Kinder verausgaben.

Eine Frau ging mit ihrer dreijährigen Tochter durch die Backwaren-Abteilung eines Supermarkts. Die Kleine bettelte nach Kuchen. Ihre Mutter sagte jedoch Nein. Das kleine Mädchen fing daraufhin sofort an zu heulen und die Mutter sagte ruhig: „Nein, Ellen. Wir müssen noch ganz viel einkaufen. Bitte reg dich nicht auf. Es dauert nicht mehr lange."

Etwas später verlangte das kleine Mädchen im Süßwaren-Gang nach Bonbons. Wieder sagte die Mutter: „Nein". Und wieder fing die Kleine an zu heulen. Dieses Mal bat die Mutter: „Aber, aber, Ellen. Bitte weine nicht. Nur noch zwei Abteilungen und dann sind wir an der Kasse."

An der Kasse jammerte die Kleine nach Kaugummi und brach in ein schreckliches Geschrei aus, als die Mutter wieder Nein sagte. Die Mutter sagte beruhigend: „Ellen, wir sind in wenigen

Minuten durch die Kasse durch und dann können wir nach Hause fahren und du kannst ein schönes Schläfchen halten."

Ein Mann hatte jeden Schritt des Dramas miterlebt und folgte Mutter und Kind zum Parkplatz. Er blieb bei der Frau stehen und gratulierte ihr zu ihrer Geduld mit der kleinen Ellen. Die Mutter unterbrach ihn: „Meine Kleine heißt Tammy. Ellen bin ich!"

Wenn Sie durch die Erziehung Ihrer Kinder ausgepumpt und erschöpft sind, sorgen Sie dafür, dass Sie genug Schlaf und Zeit für sich bekommen. Manchmal gehören Eltern an die erste Stelle.

Cholerische Kinder halten jedes Elternteil in Atem. Ihr eigener Antrieb und ihr Führungswille machen selbst starken Eltern zu schaffen. Damit Sie die Balance in Ihrer Eltern-Kind-Beziehung behalten, überlassen Sie am besten Ihren cholerischen Kindern die Kontrolle über gewisse Bereiche, aber sorgen Sie dafür, dass sie begreifen, wer das letzte Wort hat.

Kapitel 7

Die Eigenschaften eines minutiösen Melancholikers

Der Melancholiker

Die perfekte Persönlichkeit
introvertiert – Denker – pessimistisch

Emotionale Bedürfnisse

sensibel für tiefgründige Bedürfnisse, zufrieden durch qualifizierte Leistung, eigener Bereich, Sicherheit und Stabilität, Trennung von lauten und unordentlichen Geschwistern, Unterstützung von Seiten der Eltern

Er meidet

Lärm, Chaos, triviale Dinge, geärgert zu werden

Stärken im Babyalter

- ernst
- ruhig
- liebt genaue Zeiteinteilung
- analysiert andere
- ist gern allein

Schwächen im Babyalter

- misstrauisch/vorsichtig
- schüchtern/verschlossen
- trauriger Blick
- weint leicht
- klammert

Stärken im Kleinkindalter

- denkt weit
- talentiert
- musikalisch
- fantasievoll
- treuer Freund
- perfektionistisch
- ernsthaft
- pflicht- und verantwortungsbewusst

Schwächen im Kleinkindalter

- launisch
- quengelig
- von sich selbst überzeugt
- zu sensibel
- hört überall Negatives
- meidet Kritik
- sieht überall Probleme
- nicht gesellig

Stärken im Teenageralter

- denkt weit
- guter Schüler
- kreativ – forscht gern
- organisiert und entschlossen
- hohe Ziele
- pünktlich und genau
- sauber und ordentlich
- sensibel für andere
- schöngeistig
- sparsam

Schwächen im Teenageralter

- niedergeschlagen und deprimiert
- Minderwertigkeitskomplexe
- unflexibel
- misstrauisch Menschen gegenüber
- kritisch
- negative Haltung
- unsicher
- rachsüchtig
- lebt durch Freunde
- braucht Bestätigung

David war ein schlechter Esser. Oft schrie er in seinem Hochstuhl, wenn er nur das Essen sah, das seine Mutter vor ihn hingestellt hatte. Zuerst wusste sie nicht, was das bedeuten sollte. Als schließlich sein erstes Wort „da“ und sein zweites „nein“ war, begann sie zu begreifen, was er sagen wollte. Er konnte es nicht vertragen, wenn seine Kartoffeln die Erbsen berührten!

Melancholiker sind das krasse Gegenteil von Sanguinikern. Schon als Baby macht der perfektionistische Melancholiker einen tiefsinnigen Eindruck. Melancholiker sind ruhig und anspruchslos und wollen allein sein. Von Anfang an richten sie sich nach Zeitplänen und gedeihen gut in einer organisierten Umgebung. Mein Sohn Fred ist von Geburt an ein typischer Melancholiker. Er analysiert ständig, ist ernst, unglaublich zuverlässig und beobachtet sich selbst sehr stark. Als der kleine Fred heranwuchs, wurde mir deutlich, wie unterschiedlich wir beide sind.

Vier tragende Elemente

Wo Sanguiniker nach Anerkennung durch ihr Äußeres und von anderen suchen, verlangen Melancholiker ein Gespür für ihr Inneres. Sie sprechen nicht über ihre Bedürfnisse. Stattdessen bestehen sie darauf, dass, wer sie wirklich liebt, ihre Probleme erkennen muss. Je mehr man sie zum Reden drängt, umso mehr schweigen sie, bis man sie schließlich anschreit. Diese Haltung zeigt ihnen dann, dass man nicht sensibel ist und sie nicht versteht. Wenn sie deprimiert sind, verlangen sie von ihren Mitmenschen hingebungsvolle Sensibilität und Unterstützung. Dabei würden diese vielleicht lieber sagen: „Reiß dich zusammen, das Leben geht weiter.“

Melancholiker brauchen außerdem Raum für sich, wo sie ihre Dinge in Ordnung halten können. Sie geraten in Wut, wenn ein kleiner Bruder oder eine kleine Schwester ihre Sachen anfasst. Sie sind eigentlich nicht besonders schwierig. Sie brauchen nur einen Bereich, der ihnen ganz alleine gehört.

Meine Tochter Lauren ist den Melancholiker-Bedürfnissen ihres Sohnes Randy zum Beispiel nachgekommen, indem sie ihm ein eigenes Zimmer gegeben hat. Seine Tür darf er von außen abschließen, damit seine neugierigen Brüder sein Zimmer nicht ungefragt betreten können.

Räumen Sie Ihren melancholischen Kindern, falls möglich, ein eigenes Zimmer ein, wo sie ihren eigenen emotionalen Bedürfnissen nachkommen können und machen Sie sich nicht über sie lustig. Wenn diese Kinder Verdacht schöpfen, dass Sie sie für kleine Spinner halten, schalten sie ihre Eltern aus und verweigern jegliche Kommunikation.

So wichtig wie das eigene Zimmer ist für den Melancholiker seine Ruhe, wo er den Zusammenprall mit der lauten Welt, der er im Tagesverlauf begegnet ist, verarbeiten kann. Während ein sanguinisches Kind nach Hause kommt und Sie mit seinen Geschichten des Tages unterhält, mag der Melancholiker nicht einmal daran denken. Die Antwort des Melancholikers ist: „Lass mich allein. Lass mich in meinem Zimmer in Ruhe nachdenken."

Für einen Melancholiker sind Einfühlungsvermögen, Unterstützung, Raum und Ruhe lebensnotwendige Bedürfnisse.

Wo ist das Fleisch?

Für Melancholiker muss alles seine Ordnung haben, aber sie sind nicht immer bereit zu sagen, was sie unter Ordnung verstehen. Sie setzen voraus, dass andere ihre Bedürfnisse irgendwie wahrnehmen und sensibel genug sind, ihr Problem zu erkennen. Dabei ziehen sie es vor, eher im Stillen zu leiden, als zu sagen, was sie bedrückt.

Nach über 28 Jahren erfuhr Betty, dass ihr Ehemann sein Fleisch gern direkt vor sich mitten auf dem Teller liegen hat. Nicht etwa an der Seite des Tellers oder auf dem Tellerrand – nein, direkt vorn in der Mitte! Jahrelang hat er hoffnungsvoll aber schweigend seinen Teller herumgedreht, so dass das Fleisch direkt vor ihm lag, ehe er zu essen begann. Anstatt etwas zu sagen, ergab er sich in das Unerträgliche und es brauchte fast 30 Jahre, bis seine Frau diese Not erkannte!

Sagen Sie genau, was Sie meinen

Das melancholische Kind ist fähig, alles was Sie sagen, wortwörtlich zu nehmen.

Der vierjährige Wesley sah eines Nachmittags mit seinem Vater fern. In einer Werbepause sagte sein Vater: „Du kannst dich freuen, dass wir einen Farbfernseher haben. Als ich klein war, sahen wir nur schwarz-weiß."

Nach einigen Minuten Bedenkzeit schaute Wesley seinen Vater ganz verstört und verwirrt an und fragte: „Nur mit Bleistift?"

Lachen Sie nie über kindliche Fragen, die Sie für überflüssig halten. Denken Sie vielmehr darüber nach, wie Sie sich klarer ausdrücken können. Dann wird Ihr Kind bereit sein, alles, was Sie sagen, ernst zu nehmen.

Was hast du gefragt?

Ein präziser Melancholiker wird genau die Frage beantworten, die Sie ihm stellen und darüber hinaus nicht viel mehr erzählen.

Der achtjährige Alan war bei einem Freund eingeladen, wo er auch übernachten durfte. Am nächsten Morgen sagte die Mutter seines Freundes zu Alan: „Ich laufe schnell zum Bäcker. Welche Brötchen kauft denn deine Mutter zum Frühstück?"

„O, meine Mutter kauft Rosinenbrötchen", war die schnelle Antwort.

Zufrieden mit dieser Antwort kaufte die Mutter süße Brötchen mit Rosinen und legte sie den Kindern auf den Frühstückstisch. Als sie den Buben Milch einschenken wollte, sah sie, wie Alan eine Rosine nach der anderen aus dem Brötchen entfernte und sie auf seinen Tellerrand legte. Verwirrt fragte die Mutter: „Alan, hast du nicht gesagt, dass deine Mutter immer für euch Rosinenbrötchen kauft?"

„Ja, das stimmt. Aber ich mag keine Rosinen."

Wenn Sie von ihrem melancholischen Kind eine exakte Antwort haben wollen, stellen Sie ihm bitte auch exakte Fragen. Erwarten Sie nicht, dass dieses Kind Ihnen sagt, was Sie wissen wollen, wenn Sie nicht genau das *fragen,* was Sie wissen wollen.

Kleinkrämerei

Melancholische Menschen sind sowohl ordentlich als auch kreativ. Ja, sie kreieren immer neue Möglichkeiten, um ordentlich zu sein.

Jane erinnert sich daran, dass ihre Tante Jackie das ordentlichste Haus in der ganzen Familie hatte. Alles hatte seinen bestimmten Platz und die peinlich genaue Sorgfalt für alles und jeden war umwerfend. Sie sann auf zeit- und energiesparende Lösungen, wo der Rest der Familie gar kein Problem sah.

Tante Jackies Ordnungssinn erzeugte jedoch Spannung, vor allem im Familienurlaub. Gepäck konnte sie nicht ausstehen. Für sie bedeutete es Unordnung. Es stand im Weg und war im Hause der Verwandten unhandlich und unansehnlich. Sie wollte keine Umstände machen, aber diese Koffer konnte sie einfach nicht in Ordnung halten! Ihre drei Kinder wühlten sich durch die perfekt gefalteten Kleidungsstücke ihrer Koffer und der Stolz ihrer mühevollen Arbeit war ruiniert, zerknittert oder lag auf dem Boden.

Tante Jackie konnte diese mangelnde Ordnung nicht länger ertragen. Um das Problem zu lösen, schuf sie eine Lösung. Die unordentlichen Koffer durften nicht mehr ins Haus getragen werden. Sie ließ sie stattdessen im Auto und zog vorsichtig heraus, was gebraucht wurde, wenn es so weit war. Ihre Kinder durften nicht selbst ans Auto und sie brauchten eine gute Begründung, bis ihre Mutter bereit war, ihnen die Kleidungstücke zu holen.

Nach weiteren Überlegungen war Tante Jackie in der Lage, Koffer komplett aus dem Verkehr zu ziehen. Sie besorgte stattdessen für jedes Kind eine ordentlich geschnittene Pappschachtel. Jede Schachtel war mit einem Deckel versehen und so berechnet, dass alle Schachteln perfekt nebeneinander in den Kofferraum passten. Sie rutschten nicht hin und her und es gab auch keine Spalten, in die etwas hineinrutschen konnte. Jede Schachtel enthielt alles, was das Kind auf der Reise brauchte. Keine Unordnung mehr im Haus! Keine Koffer mehr, die man im Auto öffnen und schließen musste! Keine Kinder mehr, die Chaos anrichten konnten! Keine Kinder mehr, die Zugriff auf ihre eigenen Sachen hatten.

Diese ordentliche kreative Lösung hätte jedes echte Melancholikerherz höher hüpfen lassen, da bin ich mir sicher. Aber Tante Jackie hat ihre Sanguiniker-Familie damit fast um den Verstand gebracht!

Ordnungsrichtlinien

Die meisten melancholischen Kinder sind durch Schmutz und Chaos leicht aus der Fassung zu bringen und fühlen sich berufen, schnell die Ordnung wieder herzustellen. Manche sind ernsthaft irritiert und unfähig etwas zu tun, wenn sie Dinge nicht wieder zurechtrücken und in Ordnung bringen dürfen.

Susis achtjähriger Sohn Keegan brachte die meisten seiner Buntstifte aus der Schule mit heim. Seine Mutter fragte ihn, warum er nur zehn Farben in der Schule lasse.

„Mein Tisch sieht so unordentlich aus. Er soll übersichtlicher sein, damit ich mehr Platz habe“, war seine Antwort.

Ein anderes Mal machte Keegan, als er auf dem Weg zu seinem Gruppenraum in der Gemeinde war, noch schnell im Vorbeigehen das Licht auf der Toilette aus. Seine Mutter warf ihm einen fragenden Blick zu und er sagte: „Das hat jemand angelassen, Mami.“

Egal wo diese Kinder sich bewegen, sie finden immer etwas, das in Ordnung gebracht werden muss, und sie werden mit Sicherheit die Initiative ergreifen, es zu korrigieren.

„Wann wird was passieren?“

Melancholische Kinder haben ein ganz großes Bedürfnis zu wissen, wann voraussichtlich etwas geschieht. Ohne Zeitplan sind sie verloren und untröstlich, wenn sie keinen festen Tagesablauf vor sich sehen.

Der vierjährige Blake ging zum ersten Mal mit zur Ferienbibelschule. Der Ablauf war ihm nicht bekannt und versetzte ihn in Angst und Schrecken, weil er nicht wusste, was als Nächstes drankam. Darum sagte er ganz verstört zu seiner Mutter: „Mami, ich weiß nicht, wann wir was machen!“

Erst als seine Mutter sich eine Kopie der Tagespläne für die restliche Woche besorgt hatte und sie ihm sorgfältig erklärte, wurde Blake ruhiger. Erleichtert atmete er tief durch und sagte: „O ja, das ist ein großartiges Programm."

Obwohl er noch nicht lesen konnte, hielt Blake für den Rest der Woche das Programm fest in seiner kleinen Hand.

Alles hatte seine Ordnung in seiner kleinen Melancholiker-Welt, denn er hielt ein Programm in Händen!

Körperliches Befinden

Perfektionistische melancholische Kinder beobachten genau, wie sie sich emotional und körperlich fühlen. Sie neigen dazu, ihre Unpässlichkeiten und körperlichen Beschwerden sehr ernst zu nehmen. Gleichzeitig müssen sie aber auch andere über jede kleinste Kleinigkeit in Kenntnis setzen und das oft in sehr dramatischer Weise.

In der Sonntagschule lernte der melancholische Johnny, wie Gott alles und auch den Menschen erschaffen hat. Johnny war besonders aufmerksam, als er hörte, wie Eva aus einer Rippe von Adam erschaffen wurde. Im Laufe der Woche beobachtete seine Mutter, wie er sich hinlegte, als sei er krank.

„Johnny, was ist denn los mit dir?", fragte sie ihn besorgt.

„Ich habe so Schmerzen in der Seite", klagte Johnny. „Ich glaube, ich bekomme eine Frau."

Obwohl sie sich über die Feststellung ihres Sohnes amüsierte, merkte Johnnys Mutter die echte Sorge ihre Sohnes über sein Unwohlsein und die mögliche Ursache. Melancholische Kinder müssen wissen, dass, wenn sie ihren Eltern ihre „Probleme" mitteilen, sie nicht ausgelacht oder als Spinner abgetan werden. Oft brauchen sie nur jemanden, der zuhört und verständnisvoll nickt, während sie ihre kleinen Wehwehchen bejammern.

Nicht eigenartig

Ein melancholisches Kind gewinnt sehr durch Ihr Verständnis für sein Persönlichkeitsprofil. Die meisten von uns haben hin und wieder zu hören bekommen, dass sie laut, unordentlich, dumm, schüchtern, frech, traurig oder faul sind. Melancholische Menschen, die sich mehr als alle anderen selbst beobachten, nehmen solche Bemerkungen sehr ernst und neigen zu der Auffassung, dass mit ihnen irgendetwas nicht in Ordnung sei.

Mehr als jeder andere reagiert das melancholische Kind ganz sensibel auf die Tatsache, dass es in vielerlei Hinsicht anders ist als andere Kinder. Für ein solches Kind ist es eine große Erleichterung, wenn es erfährt, dass es nicht irgendwie seltsam ist. Helfen Sie Ihrem Kind, sich über die Stärken seiner Persönlichkeit zu freuen, anstatt sich über seine Eigenarten zu sorgen.

Weiche Herzen

Wer aufmerksam den Geschichten melancholischer Kinder lauscht, stellt fest, dass sie ein sehr weiches Herz haben. Auch sanguinische Kinder brauchen viel Liebe und Zärtlichkeit, doch sobald ihre kleinen Liebestanks gefüllt sind, laufen sie schnell ins Freie und halten nach dem nächsten Vergnügen Ausschau. Melancholische Kinder entwickeln jedoch tiefere und länger anhaltende Bindungen.

Meine Freundin Jeannie, Lehrerin im Ruhestand, hütete eine Weile die Kinder einer befreundeten Familie. Der Kleinste in dieser Familie, William, war ein liebenswerter Melancholiker, der sich über Jeannies sanfte Streicheleinheiten und ihre besondere Zuneigung sehr freute. Als er größer wurde, brauchte die Familie Jeannies Hilfe nicht mehr. Weshalb sie den kleinen niedlichen William ein Jahr lang nicht mehr gesehen hatte, bis ein Todesfall in der Familie die Eltern zwang, über Nacht fortzufahren. Sie riefen bei Jeannie an und baten sie um Hilfe.

Als William erfuhr, dass Jeannie kommen würde, sagte er: „Mein Herz wird repariert."

Als Jeannie endlich kam, erklärte er ihr: „Mein Herz war zerbrochen ohne dich, aber jetzt passt alles wieder zusammen."

Jeannie erkannte ihre Bedeutung als Herzensmonteurin: „Das ist für mich eine geistliche Lektion. Genau dasselbe tut Jesus für uns, wenn wir ihn hineinlassen. Er repariert unsere zerbrochenen Herzen. Ich erzähle dir nur zu gern von Jesus in meinem Herzen."

Strecken Sie die Hand aus und berühren Sie die Herzen Ihrer melancholischen Kinder.

Die nachdenkliche, besonnene Art eines melancholischen Kindes kann für den Tiefgang innerhalb Ihrer Familie viel bedeuten. Doch je nach Ihrem eigenen Persönlichkeitsprofil als Vater oder Mutter haben Sie vielleicht einige Mühe, mit ihm zurechtzukommen. Das Verständnis für ihre Andersartigkeit wird Ihnen auf dem Weg zu einer verständnisvollen Beziehung zu Ihrem ernsten, aufrichtigen Kind helfen.

Kapitel 8

Die Erziehung Ihres melancholischen Kindes

Das Herz Ihres perfektionistischen melancholischen Kindes schlägt mit ganzer Seele, Sinn und Verstand für die Menschlichkeit. Melancholiker helfen anderen Menschen und schauen hinter die Kulissen des Lebens. Ihre Liebe zum Detail und ihr Sinn für Analyse treiben sie zu hohen Leistungen an. Ihr sensibler Geist gibt ihnen ein gutes Einfühlungsvermögen für Leidende.

Diese tiefgründige, nachdenkliche Art des melancholischen Kindes und sein analytisches Denken bringen es sehr weit. Allerdings können im Extremfall ein melancholisches Kind solche Charakterzüge ins Grübeln bringen und dazu führen, dass es jeden und alles kritisiert, das seinem perfektionistischen Standard nicht entspricht. Sie müssen Ihrem Kind helfen, dass es seine melancholischen Stärken nutzt und dabei gleichzeitig lernt, mit unserer ganz und gar nicht perfekten Welt fertig zu werden.

Sanguinische Eltern mit einem melancholischen Kind

Obwohl sanguinische und melancholische Persönlichkeitstypen gegensätzlich sind, können sie miteinander eine sich ergänzende Beziehung pflegen, wenn sie daran arbeiten, einander zu verstehen. Erwarten Sie nicht, dass Ihr Kind sich ins Rampenlicht stellt und gesprächig ist wie Sie, sondern lernen Sie seine ruhige, nachdenkliche Art zu schätzen. Machen Sie sich klar, dass Ihr Kind die Welt mit anderen Augen sieht als Sie, und nehmen Sie sich Zeit zuzuhören, welche Perspektiven es hat.

Jubele mich nicht hoch!

Sanguinische Eltern oder Großeltern müssen das melancholische Kind so nehmen wie es ist. Sie dürfen nicht versuchen, es zu übergehen oder es gar hochzujubeln.

Als mein Enkel Randy acht Jahre alt war, ging ich mit ihm essen, und er bestellte sich einen Hamburger. Wir setzten uns an einen Tisch und er öffnete die Schachtel mit seinem Burger. Sein Gesicht wurde ganz traurig, als er sagte: „Weißt du, Omi, was mir hier nicht gefällt?“

Ich fand, dass wir noch nicht lange genug an diesem Ort waren, um schon ein Urteil abgeben zu können, aber ich fragte pflichtbewusst: „Und was ist das?“

„Sie legen die Bulette nicht einmal mitten auf das Brötchen! Sie werfen nur eine Brötchenhälfte auf das Tablett, lassen das Fleisch irgendwo hinfallen, werfen zwei Gurkenstückchen dazu und dieses Salatblatt!“ Er schüttelte missbilligend den Kopf und fügte hinzu: „Und das nennen die einen Hamburger!“ Der Kleine sah ganz bekümmert aus!

Nachdem er mir seine Enttäuschung erklärt hatte, legte Randy sein Fleisch in die Mitte des Brötchens, nahm die Gurkenstückchen zur Seite und biss resigniert in seinen Hamburger. Als er alles aufgegessen hatte, erzählte er mir von seinem kleinen sanguinischen Bruder Jonathan und wie schwierig das Leben mit ihm sei. „Er schnüffelt in meinem Zimmer herum, wenn ich nicht da bin. Er nimmt mein Spielzeug aus den Kisten und legt es nicht wieder ordentlich zurück und er klaut mir meine Batterien!“

Als ich Mitgefühl zeigte, leuchtete sein kleines Gesicht auf und er sagte: „Aber zum Glück habe ich ja einen neuen kleinen Bruder, den Bryan. Jetzt kann Jonathan selbst erleben, wie das ist, einen kleineren Bruder zu haben.“ Doch schon verdunkelte sich sein Gesichtchen erneut und er fügte erschrocken hinzu: „Ich merke gerade, wenn Jonathan einen kleinen Bruder hat, bedeutet das für mich, dass ich jetzt zwei von der Sorte habe!“

Dieser Gedanke beschäftigte ihn so sehr, dass er kaum die Kraft hatte, bis zum Auto zu laufen!

Wenn ich keine Ahnung von Persönlichkeitsprofilen hätte, wäre mir unser Imbiss wie ein Misserfolg vorgekommen. Doch weil ich ernsthaft zugehört und nicht versucht hatte, ihn aufzuheitern, bekam er das Gefühl, dass ich ihn akzeptiere. Als ich ihn schließlich zu Hause wieder absetzte, bedankte er sich für die „sehr schöne Zeit mit mir."

Themen für ein Gespräch

Nicht nur sanguinische Eltern müssen lernen, gute Zuhörer zu werden, sie müssen auch lernen, wie man etwas aus Melancholikern herausbekommt.

Sandy hatte in einem Ratgeber eine Frageliste gelesen, die schnell zu einer Diskussion mit den eigenen Kindern führen soll, um zu erfahren, was die Kinder tatsächlich fühlen und denken. Eine dieser Fragen lautet: „Was macht dir wirklich Freude?" oder „Was macht dir Angst?"

Sandy stellte diese Fragen nun probehalber ihrer sanguinischen Tochter Anne und es entwickelte sich ein prächtiges Gespräch zwischen Mutter und Tochter. Sandy freute sich an dem Ergebnis und stellte die gleichen Fragen ihrem melancholischen Sohn Taylor. Auf die Frage, was ihm wirklich Freude mache, zählte er einige wenige Dinge auf wie Lesen und Klavier spielen. Dann fragte sie ihn, wovor er Angst habe. Er überlegte eine Weile und antwortete dann: „Das ist wirklich eine gute Frage."

Bis heute hat er darauf nicht genauer geantwortet. Sandy wird noch einige Mühe haben, bis sie eine Antwort auf diese Frage aus ihrem Sohn herausgeholt hat.

Sanguinische Eltern müssen im Umgang mit einem melancholischen Kind wirklich ihre Erwartungen im Blick auf gemeinsame Gespräche und auf die Begeisterung für eine bestimmte Sache herunterschrauben. Außerdem müssen diese Eltern sehr genau hinhören, wenn ihr melancholisches Kind sich zu einem Gespräch bereit findet. Sobald Ihr Kind mit Ihnen reden möchte, setzen Sie sich am besten sofort hin und hören ihm zu!

Alles ist schön

Auch wenn ein sanguinischer Elternteil jede Einzelheit des Tagesablaufs seines Kindes wissen möchte, ist ein melancholisches

Kind nicht leicht zu einem lebhaften Gespräch über die Ereignisse seines Tages zu bewegen. Wird dieses Kind jedoch zu sehr bedrängt, zieht es sich möglicherweise zurück und sagt überhaupt nichts. Am besten ist immer eine freundliche, geduldige Annäherung.

Sally holte ihre Tochter Sharon meist am späten Nachmittag vom Kindergarten ab, mit der Frage: „Hallo, Mäuschen, wie war's denn heute?"

Die kleine Sharon plapperte sofort drauflos und unterhielt ihre Mutter die ganze Fahrt über mit den herrlichsten Ereignissen, die sie im Laufe des Tages erlebt hatte. Als Sally einige Jahre später zum ersten Mal ihren melancholischen Sohn Scotti vom Kindergarten abholte, war sie regelrecht geschockt, wie er auf die gleiche Frage reagierte. Auf die Frage: „Na, Scotti, wie war's denn heute?", antwortete Scotti ganz gelassen: „Schön". (Schön ist ein typisches Wort für Melancholiker.)

Sharon wollte die Unterhaltung jedoch in Gange bringen und bat ihn: „Dann erzähl mir doch, was ihr heute gemacht habt."

Scotti gab als Antwort nur einen Seufzer von sich und meinte mit einem Blick aus dem Fenster: „Keine Lust, Mama. Lass mich in Ruhe."

Als sanguinische Mutter, die das Gespräch sucht und braucht, musste Sally lernen, dass die Antwort ihres Sohnes Schweigen war. Erst wenn er dazu bereit war, würde er etwas erzählen, falls es aus seiner Sicht überhaupt etwas Erzählenswertes gab.

Auch wenn sie die Freude des Augenblicks nicht mit anderen teilen, wollen melancholische Kinder doch ihre sanguinischen Eltern in ihrer Nähe wissen. Sie sollen für sie mit offenen Autos und Herzen zum Zuhören und zum Kuscheln bereit stehen – wenn sie so weit sind. Sie müssen nur geduldig sein und auf Antworten warten, die zu ihrer Zeit kommen werden.

Je mehr Sie also drängen, umso verschlossener wird Ihr melancholisches Kind.

Lasst mir meinen Freiraum!

Melancholiker sind von Natur aus reserviert und distanziert, bis sie einen Menschen genauer kennen und ihm vertrauen können.

Spüren sie, dass ihre Gefühle nicht erwidert werden, ziehen sie sich nicht nur emotional, sondern auch körperlich zurück. Sie schützen ihren „persönlichen Freiraum“.

Zwischen den Geschwistern Taylor und Anne liegt der größte Konflikt in ihrer unterschiedlichen Herzlichkeit. Bereits als Taylor noch ein Baby war, wollte Anne ihr Brüderchen andauernd küssen und umarmen. So lange er klein war, hat Taylor das meistens toleriert, doch inzwischen hat sich das geändert. Taylor lässt sich gern von seinen Eltern in den Arm nehmen, aber nicht von Anne. Obwohl sie Taylor nicht umarmen soll, weil er sich so stark dagegen wehrt, kann Anne es partout nicht lassen. Sie kann einfach nicht begreifen, dass Melancholiker ganz genau unterscheiden, wer ihnen nahe kommen darf und wer nicht.

Als sanguinische Eltern sollten Sie akzeptieren, dass Ihr melancholisches Kind mit einem leichten Klaps auf den Rücken glücklicher ist als mit einer stürmischen Umarmung, die hauptsächlich Ihnen gefällt.

Das ist gar nicht lustig

Sanguinische Eltern werden es auch im Bereich Humor mit ihren melancholischen Kindern schwer haben, da sie auf ihr sprudelndes Wesen nicht reagieren. Und weil sanguinische Eltern eine anerkennende Reaktion auf ihre Scherze brauchen, können Melancholiker beschließen, ihren Eltern nicht das zu geben, was sie wollen. Sie haben ein geheimes Vergnügen an ihrer stillen Macht, Vater oder Mutter mit ihrer Verweigerung zu entnerven.

Mein melancholischer Sohn sagte einmal zu mir: „Merkwürdig, dass Menschen Geld dafür bezahlen, dich reden zu hören! Wahrscheinlich bezahlen sie, weil sie dir, wenn es kostenlos wäre, nicht zuhören müssten.“

Wenn ich die Unterschiede zwischen unseren Persönlichkeiten nicht kennen würde, hätte ich mich bestimmt angestrengt, ihm mit noch mehr Humor zu imponieren. Doch so konnte ich mir sagen, dass mein Sohn in keinem Fall sein Lachen verstärken würde, ganz gleich wie lustig mich die meisten Menschen finden mögen.

Bitte blamier mich nicht!

Das melancholische Kind hat keine Freude an dem Humor seiner sanguinischen Eltern. Doch das allein genügt noch nicht: Weil es sich alles zu Herzen nimmt, ist es durch die lockeren Kommentare seiner Eltern schnell verletzt, die diese nur zum Spaß dahingeworfen haben.

Zum großen Kummer sanguinischer Eltern fühlen sich melancholische Kinder durch deren Witze leicht in Verlegenheit gebracht und fürchten schon, was als Nächstes kommen mag. Solange die Kinder klein sind, werden sie wahrscheinlich denken, dass ihre sanguinischen Eltern ganz lustig sind. Versteckspiele, Singen und Tanzen, Pantomime und Sketsche sind für alle Persönlichkeitstypen unterhaltsam. Die positive Reaktion melancholischer Kinder auf ein lautes und lustiges Theater ändert sich jedoch, sobald die Kinder etwa zehn Jahre alt sind. Ab spätestens diesem Zeitpunkt werden sich Melancholiker total aufregen, wenn Mutter oder Vater zum Beispiel ein T-Shirt mit einem angedeuteten Witz tragen.

Mein melancholischer Sohn bat mich einmal um einen Gefallen. „Wenn Mikes Mutter mich abholt, würdest du dann bitte in deiner Küche bleiben?“

Verwundert fragte ich nach dem Grund. „Du bist unerträglich für sie“, antwortete er.

Ich verstand immer noch nicht, worum es ging, und fragte zurück: „Was meinst du damit?“

„Du verunsicherst sie“, erklärte er.

Sofort versuchte ich, ihm zu versichern: „Ich werde ganz brav sein. Ich bin ganz still. Ich ziehe ein schwarzes Kleid an. Ich tue, als sei ich eine Pflanze.“

„Siehst du, genau das ist es, was ich meine. Du wirst dich merkwürdig verhalten.“ Fred schüttelte den Kopf. „Kannst du nicht einfach nur ganz normal sein?“

Als sanguinische Mutter oder als sanguinischer Vater sollten Sie feinfühlig sein, wenn Ihr Kind Sie nicht mehr als lustig empfindet, sondern als jemanden, der die ganze Familie blamiert.

Einmal pünktlich, immer pünktlich!

Sanguinische Eltern und ihr melancholisches Kind haben gegensätzliche Zeitvorstellungen. Das Kind hat ständig eine Uhr im Kopf und ist immer rechtzeitig bereit, während seine Eltern nicht wissen, was für ein Tag gerade ist und keinerlei Zeitgefühl haben. Ich bin überzeugt, dass das Talent eines Wunderkindes, dessen Mutter Sanguinikerin ist, wie eine Rebe am Weinstock vertrocknen würde, weil die Mutter vergisst, das Kind zu seinen Musikstunden zu fahren und nicht die Geduld hat, stundenlang neben ihm zu sitzen, während es übt. Denn so etwas macht ihr keinen Spaß.

Selbst wenn die sanguinische Mutter Zeitpläne und Tabellen erstellen sollte, ist sie immer noch nicht auf der gleichen Wellenlänge mit ihrem melancholischen Kind.

Die sanguinische Susi hatte ihrem melancholischen Sohn Ken aufgetragen, jeden Abend 20 Minuten zu lesen. Diese Zeitspanne hatte sie einfach aus der Luft gegriffen. Ken hatte sich daraufhin selbst eine Tabelle gemacht und jeden Abend trug er darin ein, wie viele Minuten er gelesen hatte.

Eines Abends kam er ganz verwirrt zu seiner Mutter. Er zeigte auf seine Uhr und sagte: „Mama, ich habe jetzt 24 Minuten und 18 Sekunden gelesen, aber ich glaube, ich habe fast eine Minute gebraucht, bis ich das Buch gefunden hatte. Ich will nicht lügen. Also, was soll ich in meine Tabelle eintragen?“

Susi hätte am liebsten gelacht, aber weil sie wusste, wie ernst er das meinte, sagte sie: „Schreib einfach 25 Minuten hin.“

„Nein, Mama“, sagte Ken. „Ich bin mir nicht sicher. Vielleicht habe ich noch länger gebraucht, bis ich das Buch endlich gefunden hatte. Wie soll ich also genau wissen, wie lange ich gelesen habe?“

Susi konnte nicht begreifen, dass er sich wirklich Gedanken über die Sekunden machte. Als typische Sanguinikerin rundet sie alles zu ihren Gunsten auf und macht sich nie Gedanken über die Genauigkeit. Weil sie aber die genaue Art ihres Sohnes kannte, schlug sie ihm vor: „Dann runde die Zeit doch auf 20 Minuten ab, damit du ganz sicher gehst.“

Ken ging davon und fühlte sich viel besser dabei, die Minuten abzurunden. So wusste er, dass er mehr gelesen hatte, als notwendig gewesen war.

Wenn Eltern die Unterschiedlichkeit ihrer Kinder verstehen, können sie jedes Kind auf seine Art behandeln und lachen nicht über ihr Kind oder geben ihm gar das Gefühl, dumm zu sein.

Du brauchst nichts zu sagen

Erwarten Sie nicht, dass Ihr melancholisches Kind so aus sich herausgeht wie Sie selbst.

Das erfuhr auch Bill Sanders, ein Redner und Autor, als er an einem unserer Seminare teilnahm. Seine Tochter Emily war damals vier Jahre alt und eine perfektionistische Melancholikerin. Am Abend vor dem Seminar hatte Bill Emily vor ein Ultimatum gestellt: Wenn sie den Leuten, die sie etwas fragten, keine Antwort gab, würde er sie nie mehr mitnehmen.

Nachdem Bill nun einiges über Persönlichkeitstypen gelernt hatte, redete Bill noch einmal mit seiner Tochter. „Rate mal, was Papa heute gelernt hat, Emily", sagte er zu ihr. „Du darfst so sein wie du bist. Du brauchst nicht so viel zu reden wie Mama und Papa. Wenn du nicht Guten Tag und Auf Wiedersehen sagen willst, brauchst du es auch nicht."

Ihre Augen begannen zu glänzen und sie umarmte ihn und sagte: „O, danke, Papa. Ich liebe dich."

Gestehen Sie Ihrem Kind zu, dass es weniger aus sich herausgeht als Sie! Es wird dieses Zugeständnis Ihrerseits mehr bewundern, als Sie sich das vorstellen können!

Keine Überraschungen

Melancholiker fühlen sich am wohlsten, wenn sie vertraute Wege gehen. Sie lieben keine Überraschungen oder ungeklärte Hindernisse.

Der melancholische Keith machte mit seiner sanguinischen Mutter Hausaufgaben. Er sah ganz traurig aus und bald fing er an zu weinen. Denn er sollte fünf Sätze über sich selbst schreiben und er hatte bereits fünf Sätze geschrieben, als er an die Abkürzung etc. geriet.

„Ich weiß nicht, ob ich einen davon habe", weinte er.

„Einen wovon?" fragte seine Mutter.

„Hiervon", sagte er kläglich und zeigte auf die drei Buchstaben.

„Davon brauchst du keinen Satz. Die Abkürzung bedeutet nur, dass du noch andere Dinge über dich schreiben könntest", erklärte ihm die Mutter.

„Aber das bedeutet bestimmt etwas anderes", jammerte Keith. „Wie soll ich wissen, ob du Recht hast?"

Erst als Keiths melancholischer Vater hinzugerufen wurde und ihm erklärte, dass etc. eine Abkürzung für die Formulierung „und noch mehr" ist, gab sich Keith zufrieden.

„Warum habt ihr das nicht gleich gesagt?"

Das muss ich genau wissen

Sanguinische Eltern von gut organisierten melancholischen Kindern sollten sich ein oder zwei Tipps geben lassen, wie man Einzelheiten dokumentiert, Tabellen erstellt und Zeitpläne macht. Denn ein Tages-, Wochen- oder Monatsplan gibt einem melancholischen Kind ein Gefühl der Sicherheit.

Schon als ganz kleines Kind wollte der melancholische Matthew abends seine Kleidung für den nächsten Tag hingelegt haben. Und wenn er seine Großmutter besucht, verlangt er im Voraus einen kompletten Tagesablauf, damit er weiß, was er mitbringen muss. Beim Frühstück kommt er mit Papier und Bleistift und fragt nach mehr Einzelheiten des Tagesablaufs, damit er seine Aktivitäten entsprechend einrichten kann. Weil aber seine Großmutter etwas von Persönlichkeitsprofilen versteht, zeigt sie Humor. Sie sagt, dass sie durch seinen Besuch sogar selbst etwas disziplinierter wird.

Als sanguinische Mutter glauben Sie vielleicht, keinen Tagesplan zu brauchen, oder dass Sie leicht alles im Kopf behalten können. Aber versuchen Sie, auf das Bedürfnis Ihres melancholischen Kindes feinfühlig einzugehen. Es muss wissen, was wann und wo passiert. Lassen Sie Ihr Kind beim Familienausflug die Straßenkarte lesen oder bei der nächsten Nussknackersuite-Aufführung ein Programm kaufen!

Allzu oft antworten wir auf die Fragen: „Mama, wohin fahren wir?“ oder „Papa, wie lange dauert es, bis wir ankommen?“, mit: „Seid still und steigt ein!“

Wenn wir das Interesse unserer Kinder übergehen, können wir sie damit traurig machen oder zur Verzweiflung bringen. Wenn wir aber ihr Bedürfnis nach Sicherheit kennen, räumen wir ihre Ängste aus.

Weniger als perfekt ist in Ordnung

Sanguinische Eltern können ihren sehr melancholischen Kindern helfen, sich zu entspannen, wenn sie ihnen ihre eigenen lustigen Geschichten der Unvollkommenheit erzählen. Ihr Kind wird diese Geschichten vermutlich nicht toll finden, aber sie werden ihm zu erkennen helfen, dass die Welt nicht untergeht, wenn etwas nicht gelingt oder wenn etwas Unerwartetes passiert.

Während Susi ihren Sohn an Situationen beteiligt, in denen sie nicht „perfekt“ ist, lernt Keegan, dass entspannt sein in Ordnung ist. Eines Tages ließ Susi die Tennisschläger ihrer Kinder auf dem Autodach liegen und brauste zur Schule. Als sie bemerkte, dass die Schläger nicht mehr da waren, reagierte sie gelassen und fuhr, ohne sich verrückt zu machen, die Strecke zurück, bis sie die Schläger am Straßenrand fanden. Susi möchte damit Keegan wissen lassen, dass jeder im Leben Fehler macht und dass, auch wenn sie manchmal von dummen Fehlern frustriert ist, morgen ein neuer Tag beginnt.

Selbst wenn Ihre melancholischen Kinder über Ihre Geschichtchen nicht lachen und vielleicht auch mit höheren Ansprüchen an sich selbst durchs Leben gehen, lernen Sie dadurch doch, dass weniger als perfekt auch in Ordnung ist.

Cholerische Eltern mit einem melancholischen Kind

Cholerische Eltern können ihr zurückhaltendes melancholisches Kind motivieren, seine vielen Fähigkeiten einzusetzen. Cholerische Eltern können die Kreativität des Melancholikers stimulieren und ihn aus seinem Versteck herausholen. Aber bestehen Sie nicht auf schnelle, entscheidungsträchtige Aktionen bei Ihrem Kind, das die Dinge vielleicht zunächst für eine Weile durchkauen möchte. Und vermeiden Sie es, kritische oder ärgerliche Wörter auszusprechen, die Ihr Kind nur am Boden zerstören. Reden Sie vielmehr freundlich mit ihm und schlagen Sie auch auf keinen Fall zu! Herrschsüchtige Eltern sollten stets versuchen, dem Geist ihres sensiblen Kindes auf die Sprünge zu helfen und es nicht mit schnell zu entscheidenden Aktionen und voreiligen Antworten überrumpeln.

Praktische Sensibilität

Ihr Pragmatismus kann cholerische Eltern daran hindern, eine Situation mit den sensiblen Augen eines melancholischen Kindes zu sehen.

Zum fünften Geburtstag unseres Enkels Randy veranstaltete ich ein Fest für ihn, seinen Vater und meinen Mann zusammen, die alle im Februar Geburtstag haben. Weil ich selten zu Hause und praktisch veranlagt bin, fand ich diese kollektive Party eine ausgezeichnete Idee. Lauren und ich dachten, wir könnten drei Fliegen mit einer Klappe schlagen und waren ganz begeistert von dem Geschenkestapel, den wir für diese Gelegenheit angesammelt hatten. Während des Essens meinte der kleine Randy auf einmal, ihm sei schlecht und zog sich ins Schlafzimmer zurück. Etwas später zogen wir ihn wieder ans Tageslicht, damit er wenigstens seine Geschenke auspacken sollte. Das tat er mechanisch ohne jede Begeisterung. Wir flehten ihn an, uns zu sagen, was mit ihm los sei! Aber in der typischen Art des Melancholikers gab er uns keinen Anhaltspunkt.

Einige Tage später, nach vielem Fragen, stellte Lauren schließlich fest, dass er keine Geburtstagsfeier für alle auf einmal haben wollte. „Das ist schlimmer als gar kein Fest“, weinte er. Er sei auch ganz enttäuscht gewesen, als er feststellen musste, dass der Geschenkeberg nicht allein für ihn bestimmt gewesen war und er ihn teilen musste. „Das ist nicht fair, mir erst alle Geschenke zu zeigen und dann zu sagen, dass sie nicht alle mir gehören“, beklagte er sich.

Dieser doppelte Schock war zu viel für sein sensibles Gemüt.

Er zog sich von seinem Geburtstagfest zurück und er konnte sich nicht über seine Geschenke freuen.

Versuchen Sie, die Perspektive Ihres Kindes feinfühlig zu beachten. Was Sie für wirkungsvoll und praktisch halten, kann Ihrem Kind das Gefühl geben, nichts Besonderes und nicht geliebt zu sein.

Lieben Sie Ihr Kind – belehren Sie es nicht

Wenn cholerische Eltern sich nicht die Zeit nehmen, die Reaktion ihres melancholischen Kindes zu überdenken, werden sie es unweigerlich für sein ihnen unverständliches Verhalten zurechtweisen. Es wäre für Lauren einfach gewesen, Randy über seine selbstsüchtige Art zu belehren. Doch was der Junge brauchte, war ein liebevolles, warmherziges Verständnis für seine Enttäuschung.

Das melancholische Kind kommt oft ohne die zurechtweisende Belehrung seiner Eltern zur Erkenntnis seines falschen Verhaltens. Es denkt über seine verschiedenen Erfahrungen nach und kommt schließlich zu der „richtigen" Lösung. So kam Randy zwei Jahre nach der verpatzten Geburtstagsfeier zu mir und sagte: „Omi, du kannst ruhig wieder ein Geburtstagsfest für alle machen. Ich bin jetzt schon groß und nicht mehr so egoistisch."

Wenn Sie willensstarke Eltern mit einem perfektionistischen Kind sind, schalten Sie Ihre Vorwürfe zurück! Reagieren Sie sensibel auf seine Empfindungen, denn solche Kinder – das sollten Sie wissen – reagieren wie Elefanten: Sie vergessen nichts!

Prüfen Sie zuerst die Fakten

Im Gegensatz zu Sanguinikern, die jeden Gedanken sofort jedem, der zuhört, mitteilen, neigen melancholische Kinder dazu, ihre Gefühle zu verstecken und sie in sich zu verbergen.

Der melancholische Joey kam mit einem ausgezeichneten Zeugnis nach Hause, aber im Sport war er durch die Prüfung gefallen. Sein cholerischer Vater wurde wütend. Er schimpfte seinen Sohn aus und Joey brach in Tränen aus. Dann aber setzte sich seine Mutter zu ihm und fragte ihn: „Nun erzähl mir doch mal, warum du bei der Sportprüfung durchgefallen bist."

Joey antwortete: „Wir mussten uns vor den anderen ganz ausziehen und sie haben sich über mich lustig gemacht und gesagt, ich sei zu fett. Ich wollte mich aber nicht ausziehen. Darum bin ich durchgefallen."

Wenn Sie sehen, wie Ihr melancholisches Kind mit seinen Gefühlen kämpft, nehmen Sie sich Zeit und fragen Sie es nach Einzelheiten und einer Erklärung. Cholerische Eltern richten oft zu schnell über ihr Kind. Prüfen Sie erst die Tatsachen, bevor Sie auf Ihre Kinder reagieren!

Hilfe nicht erwünscht

Sie müssen nicht glauben, dass Ihr Kind Ihre Hilfe braucht, weil es vermeintlich keinen Fortschritt in Richtung auf sein Ziel macht.

Melanie war mit ihrem melancholischen Sohn Charlie zu einer Trauung gefahren. Anschließend gab es für alle einen Hochzeitsempfang mit Kuchen. Nachdem sie eine Weile in der Schlange vor dem Kuchenbüfett gestanden hatten, wurde Melanie ungeduldig und sie sagte Charlie, er solle in der Reihe bleiben, sich sein Stück Kuchen holen und dann zum Auto kommen. Melanie hatte bereits einige Zeit ungeduldig im Auto gesessen, als sie wieder raussprang, um nach Charlie zu sehen. Sie stellte sich vor, dass die Erwachsenen wahrscheinlich ihren wohlerzogenen Sohn höflich zur Seite gedrängt hatten und dass sie ihm nun helfen musste, sein Stück Kuchen zu ergattern. Melanie ging energisch auf Charlie zu, der immer noch an derselben Stelle in der Reihe stand.

Sie fragte: „Charlie, haben die Erwachsenen dich etwa zurückgedrängt? Lass Mama dir ein Stück Kuchen holen." Und ohne seine Antwort abzuwarten, ging sie vor und holte ihm ein Stück.

Als sie wieder beim Auto angelangt waren, erwartete Melanie, dass Charlie ihr für ihre Hilfe dankbar wäre. Stattdessen sah er jedoch ganz traurig aus und als sie davonfuhren, sagte er: „Mami, ich habe die ganze Zeit auf das Eckstück mit dem vielen Zuckerguss gewartet. Ich hatte die Kuchenstücke und die Leute in der Reihe abgezählt und habe andere vorgelassen, damit ich richtig auskomme."

Der melancholische Charlie hatte sich ruhig und strategisch so positioniert, dass er bekommen konnte, was er wollte. Und die „Hilfe“ seiner Mutter hatte seinen Plan zerstört!

Hören Sie sich zunächst die Absicht Ihres Kindes an, bevor Sie herbeispringen, um ihm zu „helfen“!

Ermutigung zur Selbstbehauptung

Wenn Sie gelernt haben, Ihr Kind nicht zu bedrängen und vorsichtig mit ihm umzugehen, ermutigen Sie es zum Reden und machen Sie es höflich auf seine Bedürfnisse aufmerksam. Sie brauchen nicht dabei zuzuschauen, dass Ihr Kind sich von anderen zurücksetzen lässt. Erklären Sie ihm, dass andere ihn zurückstoßen, wenn es schweigt und sich nicht selbst behauptet. Bringen Sie Ihrem Kind hilfreiche Sätze bei, wie: „Darf ich das mal erklären?“ oder „Bitte, jetzt bin ich an der Reihe!“ Wenn Sie Ihren Kindern frühzeitig solche Kommunikationshilfen beibringen, können sie zu gegebener Zeit mit unsensiblen Freunden und Fremden fertig werden und sie werden sich nicht überrannt oder ausgestochen fühlen.

Nehmen Sie sich Zeit zum Zuhören

Melancholische Kinder neigen dazu, viele ihrer tiefen Empfindungen in sich zu verschließen. Sind sie schließlich dazu bereit, sich mitzuteilen, brauchen sie einen Vater oder eine Mutter, die ihnen Zeit lässt und auf alle Einzelheiten Acht gibt.

Joys melancholischer Enkel hat eine cholerische Mutter, die ihn mit ihrer ständigen Arbeitswut regelrecht fertig macht. Sie ist sehr streng mit ihm und hat als allein erziehende Mutter keine Zeit, auf sein Herz zu hören. Großmutter Joy ist deshalb seine Zuhörerin geworden. Im vergangenen Sommer war er in einem christlichen Ferienlager und begann in der Bibel zu lesen. Seitdem ruft er einmal in der Woche seine Großmutter mit einem „Wort aus den Sprüchen Salomos“ an. Welch eine wertvolle Freundin hat der Junge in seiner Großmutter gefunden!

Sollten Sie eine cholerische Mutter oder ein cholerischer Vater eines sensiblen melancholischen Kindes sein, dann sorgen Sie dafür, dass Sie sich die Zeit nehmen und Ihren vollen Tagesplan unterbrechen und zuhören! Wenn Ihrem melancholischen Kind zum Reden zu Mute ist, brechen Sie die Unterhaltung nicht ungeduldig ab. Hören Sie ihm bis zum Ende zu oder es wird sich verschließen, sich immer mehr in sich zurückziehen und am Ende depressiv werden. Fünf oder zehn Minuten für dieses Kind können genügen, um seinen emotionalen Bedürfnissen zu begegnen.

Ein wenig zu einsichtig?

Melancholische Kinder können, wenn sie älter oder bereits Teenies sind, eine tiefe Einsicht in die Persönlichkeitsstruktur ihrer Eltern gewinnen, besonders was ihre Schwächen angeht. Das kann cholerische Eltern ganz schön durcheinander bringen, weil sie immer gern alles unter Kontrolle und Recht haben wollen.

Andy hatte mit einer heftigen Pubertäts-Depression zu kämpfen. Seine besorgte Mutter Patricia hatte zwar schon häufig versucht, die Dinge mit ihm anzusprechen, aber ihre Aussprachen wurden sehr laut und endeten in einem emotionalen Anschreien. Während Patricia sich mit Andy auseinandersetzte, hatte sie gleichzeitig eine heftige Unstimmigkeit mit ihrer besten Freundin. Sie wollte nicht mehr mit ihr reden. Schließlich brachte Andy durch seine Beobachtungen die Sache auf den Punkt: „Mama, weißt du, was dein Problem ist? Du versuchst mit einem, der nicht reden will, zu reden und redest nicht mit der, die reden möchte", sagte ihr Sechzehnjähriger.

Liebe cholerische Eltern, können Sie einige kritische Einsichten Ihrer Kinder verkraften? Tolerieren Sie nie persönliche Angriffe, Verachtung oder Respektlosigkeit, aber machen Sie Ihren melancholischen Kindern Mut, indem Sie sich bei Ihnen für ihre wertvolle Meinung bedanken.

Melancholische Eltern mit einem melancholischen Kind

Melancholische Eltern können mit ihrem melancholischen Kind die beste Kombination ergeben. Mit ihrem gemeinsamen tiefgründigen künstlerischen Fähigkeiten und außerordentlichen Organisationstalenten können sie eine Menge auf die Beine stellen, *wenn* sie zusammenarbeiten. Und wenn Vater bzw. Mutter und Kind Terminpläne schätzen, werden sie ihre Aufgaben pünktlich erledigen! Allerdings werden sie auch gemeinsam ihre Hochs und Tiefs erleben.

Wunderkinder

Wenn Mutter und Kind oder Vater und Kind beide perfektionistische Melancholiker sind, wird mit Sicherheit alles sauber und ordentlich erledigt. Die Zimmer sind aufgeräumt, die Tabellen ausgefüllt und die Hausarbeit ist rechtzeitig erledigt. Wunderkinder gedeihen in einer solchen Umgebung, wo sich Eltern wie Kind intellektuellen Zielen widmen und es keinem etwas ausmacht, wenn das Üben langweilig ist oder zur Routine wird, so lange nur ein lohnendes Ziel vor Augen steht. Perfektionistische Eltern erkennen die außergewöhnliche Begabung ihres Kindes. Sie nehmen sich Zeit, sie in aller Ruhe geduldig zu fördern.

Nicht jedes melancholische Kind wird ein Genius. Wo aber ein solches Kind heranwächst, sind perfektionistische Eltern die besten Begleiter, bei denen sich die Fähigkeiten des Kindes entwickeln können.

Geteilte Sensibilität

Da Eltern und Kind die gleiche Sensibilität haben, empfinden sie auch eine Sympathie füreinander, die kaum einer anderen Eltern-Kind-Kombination verständlich ist. Da allerdings beide leicht verletzlich sind, wenn einer beim anderen Widerstand spürt, wird sich in solchen Situationen einer vom anderen zurückziehen und deprimiert sein, anstatt über die Angelegenheit zu reden.

Perfektionistische Eltern sollten aufpassen, dass sie sich nicht zu sehr deprimieren lassen, wenn in ihrer Erwachsenenwelt nicht alles glatt läuft. Sie sind dann zu sehr mit sich selbst beschäftigt. Dadurch fühlen sich dann auch ihre Kinder vernachlässigt und werden bedrückt. Zwei deprimierte Melancholiker machen keine glückliche Familie! Sie sollten sich also in solchen Situationen einen Moment Zeit nehmen und ihrem melancholischen Kind versichern, dass Ihre Liebe zu ihm unumstößlich ist, auch wenn das Leben nicht vollkommen verläuft.

Mein richtiger Weg, nicht deiner

Obwohl melancholische Kinder im Grunde ordentlich sind, wollen sie auf ihre eigene Art ordentlich sein. Wenn diese Art aber mit Mutters Art in Konflikt gerät, kann diese auch mit perfektionistischen Kindern eine schlampige Phase durchmachen müssen. Doch meist ist dies nur eine kurzzeitige pubertäre Rebellion.

Einmal erzählte mir ein Teenager, dass er seiner Mutter nur damit „eins auswischen“ könne, wenn er jeden Tag sein Zimmer in großer Unordnung verlassen würde. Die jammernde Reaktion seiner Mutter gab ihm dann ein Gefühl der Überlegenheit. Als er aber lange genug mit seinen Muskeln der Unabhängigkeit gespielt hatte, räumte er mit einem selbstzufriedenen Gefühl in gewohnter Weise wieder auf.

Ein von Natur aus melancholisches Kind kann aber auch dann schlampig werden, wenn die Anforderungen der Eltern so unmöglich hoch sind, dass das Kind in jeder Weise aufgibt.

Becky sagte mir einmal: „Wie sehr ich mich auch anstrengte, meine Mutter war nie zufrieden und sagte mir jedes Mal, ich könne es noch besser machen. Darum sagte ich mir eines Tages: ‚Warum machst du dich mit der ganzen Putzerei eigentlich kaputt, wenn du sie doch nicht zufrieden stellen kannst? Vergiss es doch!‘“

Für perfektionistische Eltern ist es eine harte Lektion, die eigene Messlatte in vernünftigen Grenzen zu halten. Helfen Sie Ihrem Kind, seine Ziele zu erreichen und loben sie es, wenn es ordentlich gearbeitet hat. Und heben Sie vor allen Dingen die Messlatte nicht kurz vor der Ziellinie noch einmal an!

Kriminelle Bestrafung

Melancholische Eltern sehen manchmal die Fehler ihrer Kinder schärfer, als sie in Wirklichkeit sind. Ist das der Fall, kann die Zurechtweisung für die Situation zu streng ausfallen und vielmehr emotionale Verletzung als Korrektur bedeuten.

Sallys Eltern versprachen ihrer melancholischen Tochter zum elften Geburtstag eine Party. Am Morgen darauf bat Doug, der zwölfjährige Nachbarjunge, Sally, sich bei ihm zu Hause seine neue Wasserpistole anzusehen. Sally wollte unbedingt diese Pistole sehen, obwohl sie wusste, dass ihre melancholischen Eltern ihr verboten hatten, zu Doug rüberzugehen, wenn seine Eltern nicht zu Hause waren. Sally ging trotzdem für einen ganz kleinen Augenblick hinüber. Sie wusste jedoch nicht, dass ihr Vater sie durch das Wohnzimmerfenster beobachtet hatte. Als sie zurück kam, gaben ihre Eltern ihr eine Ohrfeige und schickten sie auf ihr Zimmer.

Sally erinnert sich noch heute genau an diesen schrecklichen Tag. Die Ohrfeige und der Verweis auf ihr Zimmer wären Strafe genug gewesen, aber ihre Eltern gingen noch einen Schritt weiter. Sie musste den ganzen Tag im Haus bleiben und sie riefen ihre Freunde an, dass die Geburtstagsparty gestrichen worden sei. Sally bekam an ihrem Geburtstag nicht einmal Geschenke, sondern erst eine Woche später. Das hat sie so tief verletzt, dass sie lange Zeit ganz vergessen hatte, warum sie eigentlich bestraft worden war! Für sie gab es stattdessen nur noch die schreckliche Verletzung durch ihre Eltern.

Es ist wichtig, Ihren Kindern Grenzen zu setzen, die sie einhalten müssen. Seien Sie jedoch vorsichtig, dass Sie in Ihrem Eifer, Ihre Kinder richtig zu erziehen, sie nicht zu sehr bestrafen und ihren Widerstand provozieren. Anderenfalls riskieren Sie, einen tiefen Brunnen voller Ärger und Groll zu graben. Heute ist Sally 40 Jahre alt und sie erinnert sich immer noch an die ungerechte Bestrafung von damals und an ihren elften Geburtstag, der gestrichen wurde.

Stundenlang beschäftigt

Melancholische Eltern können mit ihren melancholischen Kindern Hobbys, Kunstgenüsse und manches andere teilen, wozu sanguinische und cholerische Kinder viel zu ungeduldig sind.

Roses melancholischer Mann und Stiefsohn arbeiten mit Begeisterung Samstagmorgens im Garten. Rose steht dann mit ihrer Tasse Kaffee am Küchenfenster und beobachtet ihre Männer beim Rasenmähen. Tom macht alles ganz perfektionistisch und sein Sohn Mike ebenfalls. Sie haben sich ein System zum Mähen und Aufsammeln der Grasabschnitte geschaffen, so dass keinerlei Unordnung entstehen kann. Tom hat Mike beigebracht, wie man den Rasen exakt im Schachbrettmuster mäht. Das braucht wohl doppelt so viel Zeit, aber Vater und Sohn haben ihre Freude daran.

Rose kann zwar nicht begreifen, wie man so viel Zeit für eine solche Aufgabe aufwenden kann, doch sie weiß den Wert der engen, beglückenden Zusammenarbeit zwischen Vater und Sohn zu schätzen. Beide konnten dabei ihr Bedürfnis nach künstlerischer Perfektion stillen.

Wenn Sie ein melancholischer Vater oder eine melancholische Mutter mit einem melancholischen Kind sind, genießen Sie die Zeit miteinander und arbeiten Sie gemeinsam an einzelnen Projekten. Aber vergessen Sie darüber nicht die restliche Arbeit und bringen Sie mit Ihrer Genauigkeit die Choleriker in Ihrer Familie nicht auf 180!

Für immer in ihren Herzen

Melancholische Kinder freuen sich von Herzen über Beziehungen zu verständnisvollen melancholischen Erwachsenen. Selbst melancholische Großeltern, Tanten und Onkels können die emotionalen Bedürfnisse eines treuherzigen, melancholischen Kindes stillen helfen.

Die neunjährige Johanna war hin- und hergerissen zwischen Traurigkeit und gespannter Erwartung, weil sie mit ihrer Familie von Süd-Kalifornien nach Ohio ziehen sollte. Am letzten Tag vor dem Umzug machten sie und ihre Großmutter einen langen Spaziergang, unterhielten sich tiefgründig und malten in der verbleibenden Zeit füreinander Bilder zur Erinnerung.

Johanna überreichte ihrer Großmutter ein Selbstbildnis und sagte in ihrer ernsten melancholischen Art: „Gute Menschen vergisst man nicht. Ich werde dich nie vergessen. Bitte, vergiss mich auch nicht. Sonnenschein erkennt man nur im Licht. Bitte lass die Sonne scheinen!“ Tief bewegt mit Tränen in den Augen plante ihre Großmutter auf der Stelle einen Flug nach Ohio.

Sollten Sie eine melancholische Mutter oder ein melancholischer Vater eines melancholischen Kindes sein, finden Sie es wahrscheinlich leicht, sich mit ihrem sensiblen Kind gut zu verstehen. Es wird Ihnen ein Leichtes sein, für die Herzlichkeit und Loyalität dieses Kindes bis ans Ende der Welt zu fliegen, aber das ist oft gar nicht nötig. Denn, wer einmal im Herzen eines melancholischen Kindes seinen Platz gefunden hat, wird diesen Platz höchstwahrscheinlich für immer behalten.

Phlegmatische Eltern mit einem melancholischen Kind

Weder phlegmatische Eltern noch ein melancholisches Kind benötigen viel „Gerede". Diese von Natur aus introvertierten Menschen freuen sich einfach an der Gesellschaft des anderen. Weil keiner das Bedürfnis verspürt, sich mitzuteilen, kann diese ruhige Gesellschaft leider zu einem Mangel an Kommunikation führen. Darum sollten Vater oder Mutter immer wieder die Initiative ergreifen, aus dem Kind ab und zu etwas herauszuholen.

Kommunikationssperre

Wenn ein schlecht gelaunter Melancholiker sich zurückzieht und depressiv wirkt, ziehen phlegmatische Eltern es meistens vor, sich nicht mit dem Problem zu beschäftigen. Es ist einfacher, darüber hinwegzugehen und zu hoffen, dass es irgendwie vorübergeht.

Ein phlegmatischer Vater sagte einmal über seinen melancholischen Sohn: „Wenn er sich schmollend zurückzieht, ist es viel zu mühsam, herauszufinden, was er hat. Ich gebe ihm meist ein paar Gelegenheiten, sich zu äußern, und wenn er nicht mit mir darüber spricht, dann, finde ich, ist das sein Problem." Der Vater hat in sofern Recht, dass diese Situation ein Problem ist. Sollte das Kind jedoch dadurch das Gefühl bekommen: *Mein Vater kümmert sich nicht um mich,* wird es sich noch weiter zurückziehen. Und ist der Junge erst im Teenageralter, werden Vater und Sohn gar kein Gespräch mehr miteinander führen.

Das melancholische Kind braucht Eltern, die bereit sind, mit ihm tief zu denken, und zwar immer und zu jeder Zeit. Es braucht Eltern, die geduldig bei ihm sitzen, bis es sich endlich öffnen kann. Genießen Sie die ruhige Zeit mit Ihrem Kind, aber geben Sie niemals auf und versuchen Sie immer wieder, Ihr Kind dazu zu bringen, dass es sich Ihnen gegenüber öffnet. Die Mühe lohnt sich.

Stille Interessen

Wie wir festgestellt haben, können phlegmatische Eltern und melancholische Kinder die Gesellschaft miteinander genießen, ohne ein Wort reden zu müssen. Sie müssen keine großen Reisen unternehmen oder etwas Aufregendes erleben. Beide lieben die Ruhe und scheuen Konflikte. Ihre ruhigen Interessen passen sehr gut zueinander.

Die melancholische Serena und ihre phlegmatische Mutter nähten oft stundenlang schweigend miteinander. Serenas Bedürfnis nach perfekter Handarbeit war eine Freude für ihre Mutter. Sie musste für ihre Tochter nie etwas wieder auftrennen oder korrigieren. Phlegmatische Eltern sollten nach Interessen suchen, die sie mit ihrem Kind teilen können. Gelingt ihnen das, werden sie sehr viel Freude an der Zusammenarbeit mit ihrem Kind haben.

Bewegung tut Not

Obwohl sie gut zusammen arbeiten können, ist es für den sich selbst beobachtenden Melancholiker und den eher unmotivierten Phlegmatiker sehr schwer, sich Ziele zu setzen und sie zu erreichen. Beide brauchen einen Ansporn zur Arbeit. Nur zu schnell bleiben sie lieber auf dem Status quo stehen und sagen: „Morgen ist auch noch ein Tag." Ein melancholisches Kind mit dem Funken eines Cholerikers kann dem phlegmatischen Elternteil gegenüber sehr kritisch werden und ihm sein melancholisches Organisationsbedürfnis und seine Motivation aufzwingen. Entzieht sich ein Elternteil jedoch diesem Anspruch, wird sich das Kind zurückziehen und die Versuche zur Kommunikation ganz einstellen. Sollten Sie ein phlegmatischer Vater oder eine phlegmatische Mutter sein, lassen Sie sich von Ihrem melancholischen Kind motivieren! Raffen Sie sich selbst auf und entwickeln Sie Initiative! Andernfalls kann die Spannung zwischen Ihnen und Ihrem Kind irreparabel werden.

Denken Sie als Eltern, ungeachtet Ihres eigenen Persönlichkeitsprofils, immer daran, Ihren melancholischen Kindern ausreichend Liebe und Unterstützung zu geben. Loben Sie Ihr Kind von Herzen und erneuern Sie damit immer wieder seine Wertschätzung. Akzeptieren Sie sein ruhiges Verhalten und sein Bedürfnis nach Alleinsein und gewähren Sie Ihrem melancholischen Kind Zeit, die es alleine verbringt. Achten Sie allerdings darauf, dass es dadurch nicht zum Eigenbrödler wird. Mit Ihrer Führung wird Ihr minuziöses, melancholisches Kind ein seriöser, sensibler Mensch auf dem Weg zum Erfolg werden.

Kapitel 9

Die Eigenschaften eines pflegeleichten Phlegmatikers

Der Phlegmatiker

Die friedliebende Persönlichkeit
introvertiert – der Mitläufer – pessimistisch

Emotionale Bedürfnisse

Friede und Entspannung, Beachtung, Lob,
Stärkung des Selbstwerts, liebevolle Motivation

Er meidet

Konflikte, Konfrontation, Initiative, Entscheidungen,
Mehrarbeit, Verantwortung, Spannung, Streit

Stärken im Babyalter

- ernst
- pflegeleicht
- anspruchslos
- glücklich
- anpassungsfähig
- liebt Mittagsschläfchen

Schwächen im Babyalter

- zurückhaltend
- gleichgültig
- langsam
- schüchtern
- uninteressiert

Stärken im Kleinkindalter

- beobachtet andere
- leicht amüsiert
- macht wenig Schwierigkeiten
- anhänglich
- loyal
- angenehm

Schwächen im Kleinkindalter

- eigensinnig
- schweigsam
- drückt sich vor Arbeit
- ängstlich
- ziemlich stur
- faul

Stärken im Teenageralter

- freundlich
- witzig
- guter Zuhörer
- durchdenkt Probleme
- verbirgt Gefühle
- führt, wenn es sein muss
- gleichmütige Haltung

Schwächen im Teenageralter

- ziemlich stur
- unentschlossen
- wenig begeisterungsfähig
- zu kompromissbereit
- unmotiviert
- sarkastisch
- unbeteiligt
- schiebt Dinge vor sich her

Eine Mutter backte für ihre Söhne Kevin (Choleriker) und Phil (Phlegmatiker) Pfannkuchen. Die Jungen stritten sich, wer den ersten Pfannkuchen bekommen sollte. Das nahm ihre Mutter zum Anlass, ihnen einmal grundsätzlich die Meinung zu sagen. Sie sagte: „Wenn Jesus mit euch am Tisch wäre, würde er bestimmt sagen: ‚Gib meinem Bruder den ersten Pfannkuchen. Ich kann warten.‘“

Daraufhin bestimmte Choleriker Kevin kurz und bündig: „Phil, du bist Jesus.“ Und Phil war einverstanden!

Das phlegmatische Kind ist das anspruchsloseste und pflegeleichteste von allen. Während das sanguinische Kind nach Aufmerksamkeit schreit, das melancholische nicht bereit ist, sich mitzuteilen oder zu erklären, warum es deprimiert ist, und das cholerische brüllt: „Hey, hier bin ich!“, beobachtet das phlegmatische Kind in aller Ruhe seine Familie wie eine Fernseh-Talkshow. Das phlegmatische Kind fühlt sich nicht gedrängt, irgendetwas zu tun und auch, wenn alle anderen nichts tun, ist es vollkommen zufrieden. Das phlegmatische Kind wird dabei jedoch leicht übersehen. Aber gerade weil dieses Kind keine Aufmerksamkeit verlangt, heißt das aber noch lange nicht, dass es keine Bedürfnisse hat.

Stille Bedürfnisse

Phlegmatiker haben einen niedrigen Energielevel. Sie hassen Konflikte und Konfrontationen und verlangen mit allen Fasern ihres Herzens nach Ruhe und Frieden. Ein phlegmatisches Kind wird Sie sein Leben lang lieben, wenn Sie seine Kämpfe austragen und es von Stress fernhalten. Obwohl diesem Kind der innere Ansporn fehlt, etwas zu Stande zu bringen, können Sie es durch liebevolle Motivation in Bewegung setzen.

Auch wenn das phlegmatische Kind nicht nach Aufmerksamkeit und Lob verlangt, braucht es beides, besonders in einer hochmotivierten Familie. Denn wenn es weder Aufmerksamkeit noch Lob bekommt, wird es mit einem geringen Selbstwertgefühl heranwachsen. Zwar sind die emotionalen Bedürfnisse dieses Kindes ziemlich gering, aber wenn Sie diese nicht befriedigen, wird es sich unsicher fühlen und nie sein Potenzial voll ausschöpfen. Phlegmatische Kinder brauchen ihre Eltern. Sagen Sie ihnen, dass Sie sie gerade so lieben und achten, wie sie sind, unabhängig von dem, was sie leisten.

Diese Kinder können leicht durch die Maschen fallen und ignoriert werden. Wenn das geschieht, wachsen sie mit wenig Selbstachtung auf und glauben, dass niemand sich um sie kümmert. Nehmen Sie deshalb einen Teil der Zeit, die Sie für die fordernden Kinder investieren würden, und lassen Sie ihr phlegmatisches Kind wissen, wie sehr es Ihnen am Herzen liegt. Und achten Sie darauf, dass Sie Ihre Liebe nicht an Leistungen binden. Freuen Sie sich vielmehr über die liebenswerte Art dieses Kindes und sein Verständnis für Menschen in Not.

Verschiedene Möglichkeiten aufzeigen

Phlegmatiker sind normalerweise einseitig interessierte Kinder. Es ist daher Aufgabe der Eltern herauszufinden, was ihr Kind begeistern und motivieren kann.

Vor der Bühnentür hatten einige begeisterte Groupies ihr Camp aufgeschlagen und warteten auf Alines phlegmatischen Sohn Eric. Als talentierter Schlagzeuger war Eric ein beliebter Musiker mit Bühnenerfahrung. Seine Eltern, die ihn zwar sehr unterstützten, konnten sich allerdings für ihren Sohn eine Karriere in einer Rockband nicht vorstellen. Nach seinem Schulabschluss arbeitete Eric in einer Fischfabrik und an den Wochenenden hatte er immer wieder Auftritte mit seiner Band. Er war damit zufrieden.

Zwei Jahre verstrichen und alle Vorschläge seiner Eltern, doch eine vernünftige Ausbildung zu machen, trafen auf taube Ohren. Sie wussten, dass sie ihn nicht in ein anderes Leben hineinschubsen konnten, aber sie wollten unbedingt, dass er sich selbst ein anderes Lebensziel wählte.

Zur gleichen Zeit hatte Erics zwei Jahre ältere Schwester die Zwischenprüfung gemacht und wegen ihrer guten Noten ein Stipendium für ein Semester in der Schweiz bekommen. Außerdem hatte sie dort die Möglichkeit, gleichzeitig in einer Agentur zu arbeiten. Lauras Gelegenheit, dort zu arbeiten und gleichzeitig eine Ausbildung zu machen, versprach eine wertvolle Erfahrung zu werden. Doch trotz aller Anregungen durch ihre Arbeit und trotz ihres hübschen kleinen Apartments bekam Laura schon bald Heimweh.

In der Hoffnung, dass ein Besuch ihres Bruders das Heimweh vertreiben könne und außerdem Eric zu neuen Plänen motivieren würde, schlugen seine Eltern ihm eine Reise in die Schweiz vor. Er war etwas unsicher, diese Reise alleine anzutreten, aber erklärte sich einverstanden. So wurde das Ticket bestellt. Eric blieb zwei Wochen bei Laura; es war die Gelegenheit seines Lebens und entpuppte sich für ihn als eine Leben verändernde Erfahrung.

Eric kehrte nach Hause zurück und ohne ein Wort zu verlieren, bewarb er sich für eine Ausbildung zum Krankenpfleger und schnitt sich die Haare Zentimeter für Zentimeter ab. Er spielte zwar weiterhin mit seiner Band und arbeitete auch noch nebenbei in der Fischfabrik, aber er strebte gleichzeitig hartnäckig eine Ausbildung an. Heute hat Eric eine verantwortungsvolle Stelle als Kinderpfleger in einer Klinik für lebensgefährliche Verbrennungen. Außerdem möchte er bei einem Hilfsprojekt in Südamerika oder Afrika mitarbeiten.

Eric berichtete später, dass er während seines Schweizaufenthaltes schockartig in die Realität versetzt worden sei. Er sah, wie seine Schwester ihre Arbeit, ihren Lebensunterhalt und Ferien in der Schweiz bezahlt erhielt und in den USA sogar ein Arbeitsplatz für sie frei gehalten wurde, nur weil sie eine Ausbildung hatte, ihre Talente nutzte und sich einige Ziele gesteckt hatte.

Es ist mehr wert, einem Phlegmatiker seine Möglichkeiten vor Augen zu stellen, als ihn ständig zu drängeln, sich in Bewegung zu setzen. Versuchen Sie als Eltern immer wieder verschiedene Möglichkeiten anzubieten und geben Sie nicht auf. Früher oder später werden Sie auf etwas stoßen, was Ihr Kind wirklich begeistern wird.

Möglichst der einfachste Weg

Phlegmatische Kinder verspüren in sich den Wunsch, immer den einfachsten Weg zu gehen. Sie schauen sich zunächst vorsichtig jedes Projekt an und wählen langsam aber sicher den Weg des geringsten Widerstandes.

Lindsay, die Enkelin von Shirley, ist ein durch und durch phlegmatisches Mädchen. Einmal saß sie an ihrem Computer und spielte Tic-Tac-Toe, wobei sie für beide Parteien spielen musste, weil sie im Augenblick niemanden zum Mitspielen hatte. Shirley ließ sie spielen.

Etwas später stellte sie sich jedoch hinter den Computer und merkte, das Lindsay mit verschränkten Armen vor dem Bildschirm saß und – zuschaute!

Auf Shirleys Frage: „Was machst du da?", antwortete ihre Enkelin: „Ich stelle mir vor, wie man das Spiel von allein spielen lassen kann und dann nur noch zuschauen muss!"

Arbeit als Disziplin

Phlegmatische Kinder meiden harte, langweilige und außerdem jede Arbeit, die sie nicht interessiert! Denken Sie daran, wenn Sie Arbeit als Strafe einsetzen wollen! Rose erzählte mir von der Erziehung ihres phlegmatischen Neffens.

Rose hatte ihren cholerischen Stiefsohn Mike und seinen phlegmatischen Vetter Joe mit einer Aufgabe betraut. Sie sollten aufräumen. Am späten Nachmittag hatten die beiden Neunjährigen jedoch noch keinen Handschlag getan, obwohl sie ihnen bereits morgens die Arbeit aufgetragen hatte. Also trennte Rose die Faulpelze. Sie sollten endlich ihre Sachen aufräumen und Rose gab ihnen außerdem einige banale Arbeiten als Strafe dazu.

„Ihr werdet es schon lernen, erst eure Arbeit zu erledigen, bevor ihr spielt", sagte sie streng. Rose war mit sich zufrieden. Sie hatte eine Strafe gefunden, die ihr zum Vorteil diente, indem die Kinder zusätzlich einiges für sie erledigen mussten. Als sie aber hörte, wie Mike vergnügt die Filmmusik von Pink Panther summte, kamen ihr einige Bedenken, dass ihre Idee vielleicht doch nicht so wirksam war, wie sie gedacht hatte.

Strahlend und unbekümmert stand Mike auf der Leiter im Badezimmer und putzte hingebungsvoll die Spiegel. Der Choleriker Mike mochte diese Arbeit zwar nicht, aber da sie nicht zu umgehen war, steckte er seine ganze Energie hinein, um so schnell wie möglich damit fertig zu werden.

Im Gegensatz zu Mike war Joe völlig geknickt, ließ die Schultern hängen, machte ein Schmollgesicht und war vollkommen deprimiert. Während er den Kaffeetisch mit einer *seeeeehr* langsamen Bewegung abwischte, hörte er Rose kommen, schaute auf und jammerte: „Tante Rosie, muss ich alle Tische abwischen?"

Die Zusatzarbeit, die auf den Choleriker Mike nicht als Strafe wirkte, machte auf den Phlegmatiker Joe einen gewaltigen Eindruck!

Listen müssen nicht abgearbeitet werden

Phlegmatiker sind sehr zufrieden, wenn sie sich einer Verantwortung entziehen können.

Einmal rief die phlegmatische Tochter nach ihrer cholerischen Mutter, der sie begeistert etwas erzählen wollte. „Mami, ich habe heute eine tolle Sache geschafft, das muss ich dir erzählen!" sagte sie. „Mit Notizblock und Stift in der Hand bin ich durch das ganze Haus gegangen und habe eine lange Liste mit allen Arbeiten erstellt, die gemacht werden müssen. Dann habe ich mich auf die Couch gesetzt und die Liste einfach zerrissen und weggeworfen! Ich fühle mich ganz erleichtert!"

Ihre phlegmatischen Kinder nehmen sehr wohl Dinge zur Kenntnis, die getan werden müssen. Aber es wird immer ihre natürliche Neigung sein, die Liste zu zerreißen und wegzuwerfen!

Kann ich schon in den Ruhestand gehen?

Ausruhen ist das Hauptziel phlegmatischer Kinder, ein Ziel, das sie auch als Erwachsene nicht aufgeben. Choleriker können sich nicht vorstellen, ihre Arbeit irgendwann aufzugeben. Dagegen ist genau das der Wunschtraum aller Phlegmatiker.

Eine cholerische Frau erzählte mir einmal, wie ihr phlegmatischer Mann sein ganzes Leben lang eine ungeliebte Arbeit verrichtete, weil es für ihn einfacher war, bei seinem Arbeitgeber zu bleiben, als sich nach einer neuen Stelle umzusehen. Immer wieder sagte er, dass er nur auf den Tag seiner Pensionierung warte, damit er nie mehr arbeiten brauche. Jetzt ist er im Ruhestand. Jeden Morgen steht er auf, geht zu seinem Lehnstuhl am Fenster und schaut zu, wie seine Nachbarn zur Arbeit hetzen. Er lächelt, sitzt dort und liest seine Post, wenn die Arbeiter wieder nach Hause eilen. Er sagt, dies sei die schönste Zeit seines Lebens und damit macht er seine Frau total verrückt.

Für den Phlegmatiker beginnt der Traum vom Ruhestand bereits sehr früh. Im vergangen Sommer wohnten Kims Eltern einen Monat lang bei ihr, während ihr neues Haus fertig gestellt wurde. Die Eltern leben beide im Ruhestand und genießen ein viel langsameres Tempo als Kim und ihre Familie. Das muss Kims zehnjährigem Sohn Brendan sehr gefallen haben, weil er ausrief: „Ich kann es nicht abwarten, bis ich pensioniert werde!“ Als habe er mit seinen zehn Jahren bereits ein Leben geführt, von dem er sich ausruhen möchte! Es sollte Sie nicht überraschen, wenn Ihr friedliebendes Kind bereits mit zehn Jahren in den Ruhestand treten möchte!

Zum Zubettgehen geboren

Phlegmatiker sind auf natürliche Weise so entspannt, dass ihre Lieblingsbeschäftigung oft das Schlafen ist.

Der zehnjährige Brendan geht seiner Mutter wegen seines unbekümmerten, gelassenen Temperaments enorm auf die Nerven. Es ist sehr schwierig, ihn auch nur für irgendetwas zu motivieren! Noch hält seine sanguinische Seite seine Familie mit

Witzen und Lachen in Stimmung, dass man ihm nicht böse sein kann – was aber gar nicht gut für ihn ist. Ja, selbst sein Humor hat phlegmatische Züge.

Seine Mutter trat eines Abends in sein Zimmer und fragte ihn: „Bist du fertig?“

„Ich bin bereits fertig geboren, Mama!“, antwortete er.

Sie bohrte weiter und fragte: „Fertig geboren wozu?“ und erhielt darauf eine klassische Phlegmatiker-Antwort: „Geboren um ins Bett zu gehen!“

Wie wahr! Brendan war ein großer Schläfer, schon als Baby!

Bereit aufzugeben

Wenn Phlegmatiker keinen Sinn sehen in dem, was sie tun, geben sie sehr schnell auf, und sie meinen, dass andere es genauso machen.

Der phlegmatische Johnny beobachtete fasziniert, wie seine Mutter sich Creme ins Gesicht schmierte.

„Warum machst du das, Mami?“, fragte er.

„Ich mache mich schön“, antwortete sie und tupfte die Creme mit einem Tuch vom Gesicht.

Johnny staunte. „Und jetzt, Mami? Was ist los? Gibst du auf?“

Phlegmatische Kinder stellen sich vor, dass, wenn man etwas aufhört zu tun, man damit sein Ziel aufsteckt. Geben Sie Acht, dass ihr phlegmatisches Kind nicht den Eindruck bekommt, sie hätten es aufgegeben!

Liebenswürdigkeit verhüllt einen eisernen Willen

Wenn der richtige Knopf gedrückt wird, entwickeln süße, sanfte, phlegmatische Kinder einen starken sturen eisernen Willen.

Die phlegmatische Ashley war ein richtiges „Bitte-trag-mich“-Kind. Ihre Stiefschwester Jessica dagegen, eine Cholerikerin, war das „Lass-mich-laufen“-Kind. Ashley verlangte die ganze Aufmerksamkeit ihrer Mutter. Jessica wollte allein gelassen werden. Ashley war Miss Egal und Jessica Miss Perfektion. Ashley gab den Anschein, viel umgänglicher zu sein als Jessica, doch hin und wieder musste auch sie mit ihrem Kopf durch die Wand. Denn wenn Ashley etwas nicht tun wollte, konnte keine Drohung der Welt ihre Haltung ändern. Ihre Eltern versuchten jede Form der Erziehung.

Eines Tages befahl Ashleys Vater seiner Tochter nach einem langem Kampf, auf ihr Zimmer zu gehen. Ruhig und bestimmt sagte Ashley: „Nein, ich will nicht."

Ihr Vater nahm sie jedoch hoch, trug sie durch den Flur und setzte sie in ihrem Zimmer ab. Aber sobald er sich abgewandt hatte, huschte die Kleine schnell an ihm vorbei, bevor er sie noch aufhalten konnte. Wieder hob er sie hoch und brachte sie in ihr Zimmer zurück. Sie wiederholte ihren Fluchtversuch. Beim dritten Mal setzte der Vater sie in ihrem Zimmer ab und machte die Tür hinter sich zu, sodass das Kind sie nicht mehr alleine öffnen konnte. Doch sie gab nicht auf und schrie etwas Unverständliches.

Kurz darauf klingelte das Telefon. Die Nachbarin von gegenüber, die gerade in ihrem Vorgarten arbeitete, gab den verdutzten Eltern lachend den Tipp: „Sie sollten Ashleys Zimmerfenster schließen. Sie hängt nämlich gerade aus ihrem Fenster und schreit sich die Seele aus dem Leib."

Sofort rannten Ashleys Eltern vors Haus und sahen, wie ihre Tochter weit aus dem Fenster hing und brüllte: „Hilfe! Hilfe! Die wollen mich töten!"

Obwohl phlegmatische Kinder in der Familie gute Mitläufer sind, sollten Sie darauf gefasst sein, dass das hin und wieder anders sein kann. Diese Kinder brauchen genauso feste Grenzen und klare Konsequenzen wie jedes cholerische Kind, um sie wieder zur Vernunft zu bringen.

Kapitel 10

Die Erziehung Ihres phlegmatischen Kindes

Phlegmatische Kinder sind die liebenswürdigsten und umgänglichsten Menschen, die es gibt. Sie sind fast immer mit allem einverstanden, unglaublich geduldig und leicht zu erfreuen. Allerdings fehlt diesen ausgeglichenen Kindern der innere Antrieb des Melancholikers oder Cholerikers. Darum brauchen sie Eltern, die ihnen helfen, sich Ziele zu setzen und diese zu verwirklichen.

Phlegmatische Kinder müssen ständig überzeugt und ermutigt werden, ihre Arbeit auf ein lohnendes Ziel auszurichten. Denken Sie daran, Ihren kleinen Phlegmatiker für jede erreichte Leistung mit einer Kleinigkeit zu belohnen. Das Licht am Ende des Tunnels hält dieses Kind in Bewegung, allerdings auch nur dann, wenn es auf seinem Weg zum Ziel zusätzlich ermutigt wird.

Es passiert leicht, dass man passive phlegmatische Kinder für unfähig hält. Sie freuen sich zwar, wenn andere ihnen helfen und ihnen ihre Entscheidungen abnehmen. Das heißt aber nicht, dass sie nicht in der Lage sind, die Dinge selbst zu erledigen. Sie wählen nur ständig in allen Lagen den Weg des geringsten Widerstandes und der geringsten Anstrengung. Bringen Sie Ihrem Kind bei, wie wertvoll es ist, verschiedene Möglichkeiten ins Auge zu fassen und selbst eine klare Wahl zu treffen, anstatt immer der Menge hinterherzulaufen. Wenn das Kind entsprechend handelt und beginnt, Verantwortung für verschieden Bereiche seines Lebens zu übernehmen, werden Sie staunen, wie tüchtig Ihr ruhiges phlegmatisches Kind dadurch wird!

Sanguinische Eltern mit einem phlegmatischen Kind

Sanguinische Eltern haben ihre helle Freude an der gelassenen, entspannten Haltung ihrer phlegmatischen Kinder. Ja, ihre Kinder könnten ihnen so gut gefallen, dass sie darüber vergessen, an ihrer eigenen Erziehung und der ihrer Kinder zu arbeiten! Phlegmatische Kinder müssen durch liebevolle Ermutigung motiviert werden und brauchen ein gutes Vorbild. Obwohl es nicht gerade zu ihren Stärken gehört, müssen sanguinische Eltern die Führung übernehmen und ihren Kindern Selbstdisziplin demonstrieren.

Was Entscheidungen angeht, sind diese beiden Temperamente total gegensätzlich. Sanguinische Eltern entscheiden sich von jetzt auf gleich, während das phlegmatische Kind, das sich nur schwer entscheiden kann, in Bedrängnis gerät, wenn ein begeisterter Vater oder eine begeisterte Mutter auf einer sofortigen Entscheidung besteht.

Diese beiden Persönlichkeitstypen unterscheiden sich am stärksten in ihrer Begeisterungsfähigkeit. Sanguinische Eltern leben von Begeisterung; das friedliebende Kind meidet sie. Sanguinische Eltern lieben Lärm und Durcheinander; das phlegmatische Kind hingegen liebt die Ruhe. Um miteinander eine gesunde Beziehung herzustellen, müssen Eltern und Kind lernen, die Vorzüge des anderen zu verstehen und sich danach zu richten.

Das Volumen runterfahren

Sanguinische Eltern müssen verstehen lernen, dass ihre fröhliche, aufgeschlossene Art ihren phlegmatischen Kindern laut und aggressiv vorkommt und dass ihr Sinn für Humor und Spontaneität die zurückhaltendere Art ihres Kindes durcheinanderbringt. Wer das nicht berücksichtigt und seinen Antrieb nicht drosselt, wird als Sanguiniker sein phlegmatisches Kind möglicherweise ständig demütigen und es in eine Depression treiben.

Mein Sohn Fred nahm mich nicht gern mit zu Sportveranstaltungen, weil ich dort mit Begeisterung mit mir völlig fremden Menschen ein Gespräch anfing. Das war ihm schrecklich peinlich. Wenn seine Sportgruppe an der Reihe war, durfte ich nicht mit anfeuern, weil es ihn nervte, wenn er meine Stimme hörte. Alle anderen Mütter feuerten lautstark ihre Kinder an, aber ich musste mich zurückhalten.

Phlegmatische Kinder wollen zwar die Unterstützung ihrer Eltern; aber sie müssen dabei ganz unauffällig agieren.

Warum können wir uns nicht einfach an die Regeln halten?

Regeln können kreative Sanguiniker nur selten bremsen. Phlegmatische Kinder dagegen nehmen lieber Dinge in Kauf, die ihnen nicht gefallen, als öffentlich wegen Nichteinhaltung von Regeln ermahnt zu werden.

Die sanguinische Debbie und ihre Kinder fuhren über 100 Kilometer zu einer Kirche, wo ich ein Seminar abhielt, und kamen dort einige Stunden vor der Zeit an. Debbie hatte ihre Karten nicht rechtzeitig bestellt, weil sie glaubte, es wäre kein Problem, sie vor Ort zu kaufen. Als sie dort ankam, ging sie als erstes in die leere Kirche und legte auf einige Stühle in der ersten Reihe Bibeln, um sie so für sich zu reservieren.

Am Abend, als sie zurückkehrte, gab man ihr grüne viereckige Programmzettel als Tickets und sagte, diese Tickets seien für den Übertragungsraum, wo sie die Veranstaltung auf einem Monitor verfolgen könne. Natürlich war sie nicht bereit, in einem Übertragungsraum zu sitzen. Also ging sie mit ihren grünen Tickets zum Eingang und sagte der Dame an der Tür, dass sie mich gut kenne und ihre Stühle bereits reserviert seien.

Die Dame ließ sich jedoch dadurch nicht beeindrucken und antwortete: „Sie können Ihre Bibeln auch noch später abholen. Jetzt dürfen Sie hier nicht rein. Für diesen Saal brauchen Sie rosa Tickets und die sind ausverkauft."

Debbie schaute sich um und sah, dass die Menschen mit rosa Programmzetteln in den Saal strömten. Ihre Kinder, die bereits spürten, dass ihre Mutter sich etwas einfallen ließ, baten sie inständig, sich dort hinzusetzen, wo sie hingehörten.

Während ihre Kinder sie noch bedrängten, fiel ihr Blick auf ein rosa Poster an der Wand. Ohne zu zögern, riss sie das Poster ab und bat ihren Sohn um sein Taschenmesser. Mit ihrer sanguinischen Tochter ging sie auf die Damentoilette, wo sie das Poster auf den Waschtisch legte, es ausmaß und rosa Zettel in der Größe der grünen Tickets ausschnitt. Einige Leute schauten Sie verwundert an, aber niemand traute sich, sie zu fragen, was sie da mache.

Debbie warf ihre grünen Tickets in den Abfalleimer und tauchte mit den rosa Tickets wieder auf, als würde sie diese seit Wochen besitzen. Ihre übrigen Kinder hatten sich beunruhigt im Foyer aneinander gedrängt und fragten sich, was ihre Mutter wohl vorhatte.

Diese kehrte lächelnd zu ihnen zurück und erzählte stolz: „Wir haben rosa Tickets. Kommt, wir gehen in den Saal." Sie stieß ihre Kinder zu einem anderen Eingang vor sich her und mied die Dame, die sie nicht in den Saal gelassen hatte. Die Person an der Tür nahm ihre rosa Tickets ohne zu fragen entgegen und sie marschierten auf die erste Reihe zu, wo ihre leeren Sitze bereits auf sie warteten. Sie war so begeistert von ihrer glänzenden Tat, dass sie gar nicht bemerkte, dass die ganze Aktion aus ihren Kinder nervöse Wracks gemacht hatte.

Später, als sie eines ihrer phlegmatischen Kinder fragte, wie ihr meine Rede gefallen würde, antwortete das Mädchen: „Ich habe kein Wort von dem verstanden, was sie gesagt hat. Ich habe die ganze Zeit Angst gehabt, dass die Polizei hereinkommt und uns aus dem Saal zerrt."

Was für Sanguiniker ein lustiges Abenteuer ist, kann im Herzen eines Phlegmatikers Horror auslösen.

Kreativität oder Peinlichkeit?

Sanguinische Eltern und phlegmatische Kinder haben beide eine Vorliebe für Witz. Sie als aufgeschlossene Eltern sollten allerdings nicht überrascht sein, wenn ihr phlegmatisches Kind sich nicht für einige Ihrer brillanten Ideen begeistern kann. In einem solchen Fall steigern Sie bitte *nicht* Ihre Begeisterung! Denn je mehr Sie sich begeistern, umso stärker verschrecken Sie Ihr Kind!

Edith wollte ihrer Klasse deutlich machen, dass der erste Blick täuschen kann und dass wir nicht zu schnell ein Urteil über andere fällen sollten. Aus diesem Grund wollte sie an einem bestimmten Abend mit ihrer Gruppe zu einer Veranstaltung ins neue Jugendzentrum der Gemeinde gehen. Plötzlich hatte Edith eine glänzende Idee! Sie wollte sich wie ein Teeny kleiden und demonstrieren, wie viele Leute ein schnelles Urteil über sie fällen würden.

Sanguiniker machen nie halbe Sache, also ging Edith in einen Second-Hand-Laden und kaufte zehn Kleidungsstücke und ein Hundehalsband mit hervorstechenden schwarzen Nägeln. Ihre Frisörin färbte ihr das Haar purpurrot und stellte es mit Glanzgel auf. Sie schlug Edith außerdem ein weißes Make-up und Puder vor, einen blutroten Lippenstift und Nagellack und dunklen Lidschatten. Sie verzierte ihre Ohren und schmückte Edith mit einem Tattoo.

Edith war von dem Ergebnis hellauf begeistert und beschloss: „So gehe ich nach Hause und setz mich an den Mittagstisch!“ Sie glaubte, ihr Mann und ihr Sohn würden mit ihr lachen und sie für ihre Kreativität loben. Stattdessen war ihr melancholischer Mann schockiert, konnte kaum essen und verabschiedete sich nicht von ihr als sie wieder gehen musste. Ihr phlegmatischer Sohn war ganz geknickt und klagte: „Mir ist richtig schlecht. Du kannst froh sein, dass ich mich am Tisch nicht übergeben musste.“

Edith lernte daraus, dass sie ihre Familie nicht unvorbereitet mit einer solch „kreativen“ Idee überfallen durfte. Auch wenn Sie mit Ihrer Person andere zum Nachdenken bringen wollen: Sollte das Ihre Familie sein oder sollte sie sich durch Sie lächerlich gemacht fühlen, ist es die rote Gelfrisur und das Tattoo nicht wert!

Wie spät ist es überhaupt?

Sanguiniker und Phlegmatiker sind, was Pünktlichkeit betrifft, vollkommene Gegensätze. So kann die sanguinische Vergesslichkeit in Bezug auf eine abgemachte Uhrzeit für das phlegmatische Kind angsterregende Situationen auslösen.

Die sanguinische Ellen unterrichtete liebend gern und nahm deshalb eine Stelle als Vertretungslehrerin an. Ihre Stunden konnte sie so legen, dass sie rechtzeitig zu Hause war, wenn ihr Erstklässler Brad heimkehrte und ihre jüngeren Kinder waren in einem guten Hort untergebracht. Eines Tages war sie mit ihrer Arbeit früher fertig als üblich. Sie ergriff also die Gunst der Stunde – wie das nur Sanguiniker fertig bringen – und ging einkaufen.

In einem Kaufhaus, wo sie selten hinkam, gab es gerade besonders gute Angebote in der Kinderabteilung, aber sie brauchte erst einmal einige Zeit, um auszusuchen, was sie kaufen wollte. Dabei schaute sie immer wieder vorsichtig auf ihre Armbanduhr, damit sie sich nicht verspätete, und war froh, dass sie so viel in so kurzer Zeit erreicht hatte. Weil sie wusste, dass sie sich auf den Heimweg machen musste, da Brad bald zu Hause sein würde, brachte sie ihren Einkauf zum Abschluss.

Im Auto stellte Ellen jedoch fest, dass ihre Uhr stehen geblieben war und dass der kleine Brad jeden Augenblick zu Hause eintreffen würde. Sie betete, dass sein Bus später als normal eintreffen solle (was allerdings in der Vergangenheit nur sehr selten passiert war). Und sie vertraute ihrem Glück. Heute würde sie bestimmt Glück haben.

Ihr sanguinischer Verstand blitzte immer wieder zwischen den Gedanken an den Kauf der vielen niedlichen Kleidungsstücke für ihre Kinder und dem Gefühl, dass sie etwas verkehrt gemacht hatte, hin und her. Ihr Auto war einfach nicht schnell genug! Sie schaute zum achten, neunten und zehnten Mal auf ihre Armbanduhr und blickte dann auf die Uhr im Auto.

Ellen raste zu dem Hort und holte ihre zwei Jüngsten ab. Dann eilte sie nach Hause und stellte fest, dass der phlegmatische Brad noch nicht zu Hause war. Ein Glück! Sie war erleichtert – allerdings nur kurzfristig. Als ihr klar wurde, dass der Bus so viel Verspätung gar nicht haben konnte, wandelte sich ihre fragwürdige Ruhe schnell in Panik. Sie versetzte sich in ihren Sechsjährigen. Nie hatte sie mit Brad darüber gesprochen, wohin er in einem solchen Fall gehen solle. Wo war er geblieben? Sie suchte ihn überall – unten am Wasser, am Hafen, bei der Hafenpolizei. Nichts!

Es fing an zu regnen, die Sonne war verschwunden, und sie eilte nach Hause – ohne ihren Sohn. Sie stand auf der Straße und rief immer und immer wieder seinen Namen. Ellen musste wissen, wo Brad steckte! Gerade als sie eine Suchanzeige aufgeben wollte, kam Brad durch die Hintertür.

Er legte seinen Ranzen ab, sprach aber kein Wort mit seiner Mutter. Das war nicht der glückliche kleine Junge, der normalerweise ins Haus stürmte! Er entzog sich ihrer Umarmung, während sie rief: „Aber wo warst du denn?“ Er erklärte, dass er bei einer Nachbarin gewesen sei, und zog sich auf sein Zimmer zurück.

Brad meint heute, er könne sich nicht mehr an den Vorfall erinnern. Aber Ellen hat diesen Tag nicht vergessen. Sie sagt: „Das war der Tag, an dem ich endlich lernte, die Zeit einzuhalten und andere nicht durch meine Fehler in Verlegenheit zu bringen."

Cholerische Eltern mit einem phlegmatischen Kind

Cholerische Eltern lieben ihr phlegmatisches Kind, weil es von Natur aus folgsam ist und meist bereit, das zu tun, was sein cholerischer Vater oder seine cholerische Mutter ihm sagt. Weil diese Kinder jeden Konflikt vermeiden möchten – das ist ihnen ein Grundbedürfnis –, wollen sie das tun, was ihre Eltern glücklich macht. Diese Bereitwilligkeit zum Gehorsam erfreut willensstarke Eltern, die danach streben, Menschen unter Kontrolle zu halten.

Diese Kombination betrachten wir gern als „Norm". Wir erwarten von Eltern, dass sie disziplinierte Führungspersönlichkeiten sind, die liebevoll mit ihren gehorsamen Kindern zusammenarbeiten. Auf dieses Idealbild fällt allerdings durch die mangelnde Motivation des Phlegmatikers ein Schatten. Da willensstarke Eltern stets produktiv sind und in Arbeitseinheiten denken, können sie sich nicht vorstellen, dass es Menschen gibt, in denen dieses Feuer nicht brennt, die nicht gleich aufspringen und an ihre Arbeit rennen. Für cholerische Eltern sind Menschen ohne Ziele faul. Darum betrachten sie ihr phlegmatisches Kind zunehmend sorgenvoll und fragen sich, wann es sich endlich in Bewegung setzen wird. Vater oder Mutter stellen ihrem zufriedenen Kind Fragen, was es vorhat und erwarten, dass ihre Frage ihr Kind in Aktion versetzt. Doch ihr Aktivismus bewirkt gerade das Gegenteil!

Das größte emotionale Bedürfnis eines phlegmatischen Menschen ist, dass er sich angenommen weiß und wertgeschätzt wird. Spitze Fragen geben dem phlegmatischen Kind jedoch das Gefühl, nicht geliebt zu sein. Darum zieht es sich zurück und die vielleicht vorher noch vorhandene geringe Motivation fällt in sich zusammen.

Wenn cholerische Eltern ihr phlegmatisches Kind bedrängen, weil sie nicht begreifen, warum es keine Ambitionen hat, und wenn ihre Bemühungen, das Kind in Bewegung zu setzen, das Gegenteil bewirken, gibt es Probleme. Aggressive Motivation bringt bei Phlegmatikern gar nichts. Dagegen wird ein cholerischer Vater oder eine cholerische Mutter, der/die das Naturell des Kindes versteht und ihm das Gefühl gibt, dass es tüchtig und wertvoll ist, für das Kind zum Helden.

Motivieren Sie Ihr Kind mit freundlichen Worten und schaffen Sie eine Atmosphäre, in dem es entspannen darf und sich zurückziehen kann.

Selbst entscheiden

Der Wunsch des Phlegmatikers nach Frieden ist für rechthaberische Choleriker schwer zu verstehen. Sie glauben vielmehr, Phlegmatiker täuschen ihre mangelnde Entscheidungsfreudigkeit nur vor. Choleriker sind so stark in allen Bereichen engagiert, dass sie sich nicht vorstellen können, dass Phlegmatiker sorglos in den Tag hineinleben.

Ein Verkäufer hielt einmal zwei Kindern zwei Lutscher hin. Der Choleriker Mike griff nach dem roten, den er für sich haben wollte, und gab den gelben seinem phlegmatischen Bruder Matt. Die Mutter der Buben mischte sich ein und fragte: „Matt, welchen Lutscher möchtest du denn gerne haben?“

Matt antwortete ganz typisch für einen Phlegmatiker: „Ich möchte den, den er mir geben will.“

John ist mit einer cholerischen Schwester im zweiten Jahr auf demselben College. Er ist ein liebenswerter, anpassungsfähiger Phlegmatiker, der froh ist, wenn seine Schwester seine Kontakte für ihn managt.

Seine Großmutter fragte ihn nun eines Tages: „Was für ein Mädchen würde dir denn eigentlich gefallen, John?“

Er antwortete darauf: „Hab ich mich noch nicht drum gekümmert. Aber sie sollte auf jeden Fall meiner Schwester gefallen.“

Und wahrscheinlich ist seine Schwester schon dabei, eine Freundin für ihn auszusuchen!

Ob Alt oder Jung, Phlegmatiker überlassen am liebsten anderen ihre Entscheidungen. Geht die Sache schief, müssen sie dann auch später nicht die Verantwortung für ihre Entscheidung übernehmen.

Worum geht es?

Bereits ein kleines Kind merkt, wenn es anders ist als die übrige Familie. Wenn es keine Bestätigung seiner eigenen Persönlichkeit findet, glaubt das phlegmatische Kind: „Da stimmt etwas nicht mit mir!“ Das passiert vor allem in einer Familie mit Cholerikern, die ständig in Bewegung sind, Zielen nachstreben und rund um die Uhr arbeiten und dem Phlegmatiker das Gefühl verleihen, vollkommen wertlos zu sein.

Brendan ist ein hoch begabter Junge. Er hat anständige Noten und ist in der Schule in einem Förderprogramm für besonders Begabte, aber gleichzeitig verhält er sich wie ein zerstreuter Professor, denn er kann sich nie an seine Aufgaben erinnern. Selbst mit drei cholerischen Familienmitgliedern um sich herum, die ihn ständig an seine Aufgaben erinnern, hat er es noch nicht begriffen, wie er sich seine Sachen besser merken kann. Er hat zwar eine Checkliste, in der er jede Woche alles eintragen soll, aber er muss im Laufe des Tages immer wieder daran erinnert werden, auf die Liste zu schauen, damit er sieht, was er zu tun hat.

Eines Abends machte Kim ihm beim Zubettgehen Vorwürfe, weil er wieder einmal einige Aufgaben nicht erledigt hatte, obwohl er daran erinnert worden war. Sie muss ziemlich enttäuscht von Brendan gewesen sein, weil er anschließend an das Gespräch dicke Tränen in den Augen hatte. Seine Mutter fragte ihn, was denn los sei.

Er sagte: „Ich glaube, das kann ich nicht richtig erklären.“

Dann schwieg er und dachte nach. Und schließlich sagte er ganz schlicht, während er sich die Hände vor die Augen hielt: „Ich bin wertlos!“

Kim hatte mit einem so verzweifelten Geständnis ihres Zehnjährigen überhaupt nicht gerechnet! Sie wagte nicht zu lachen, sondern fragte ihn, was er denn damit meine und er gestand, dass sein Leben keinen Wert und Sinn habe!

Kim wollte ihn ermutigen und sagte: „Bren, du bist erst zehn! Das Wichtigste in deinem Leben ist jetzt die Schule, dass du lernst und wächst!“

Darauf antwortete er: „Dann scheint das Leben keinen großen Wert zu haben.“

An diesem Bekenntnis erkannte Kim, dass ihr phlegmatischer Sohn nicht genug Bestätigung von der Familie erhielt. Sie sprach mit ihrem Mann darüber und gemeinsam gaben sie sich ganz neu Mühe, Brendans Charakter zu bestätigen, obwohl sein Temperament von den übrigen Familienmitgliedern total verschieden war. Jeder muss spüren, dass sein Leben einen Sinn hat!

Seit einigen Wochen ist Brendan in einem Schachclub. (Ist das nicht ein guter Zeitvertreib für einen Phlegmatiker?) Er spielt ausgezeichnet Schach und hat offensichtlich Talent dazu. Letzte Woche fragte Kim ihn, wie das mit seinem „Sinn des Lebens" inzwischen sei.

Er antwortete: „Ich glaube, mein Lebenssinn könnte Schach werden!"

Mittlerweile will er außerhalb der Schulzeit einen Schachclub gründen. Er besteht darauf, kein Schach-Profi zu werden, aber er mag Schach und nun hat er einen Sinn! Kim ist ganz begeistert von der Idee und will ihm dazu Mut machen.

Nehmen Sie sich Zeit, um Ihr phlegmatisches Kind zu motivieren, und helfen Sie ihm, etwas zu finden, dass es gut kann und gern mag. Es darf nicht mit dem Gedanken „Ich bin wertlos" heranwachsen.

Nehmen Sie ihm nichts ab

Wer bei einem phlegmatischen Kind zulässt, dass es in seiner Kindheit seine Schwächen auslebt, fördert damit eine verheerende Auswirkung auf dessen Erwachsenenalter. Phlegmatische Kinder, die nicht gelernt haben, Verantwortung für sich selbst zu übernehmen, werden armselige Ehepartner und, was noch schlimmer sein kann, erbärmliche Eltern.

Tims Eltern erlaubten seinen älteren Schwestern, für ihren „kleinen" Bruder bis über sein Kleinkindalter hinaus zu sorgen. Wenn Tim bei Tisch nur auf sein Teeglas zeigte, sprangen die Mädchen schon auf und besorgten ihm frischen Tee. Wenn er seine Bücher auf dem Tisch liegengelassen hatte und hinter dem Schulbus herrannte, trugen die Mädchen ihm seine Bücher nach. Selbst als die Kinder erwachsen wurden, trugen die Schwestern ihrem Bruder immer noch alles hinterher.

Eines Nachmittags ließ Tim sein Kleinkind in seinem an der Landstraße geparkten Auto alleine spielen, während er sich zu einigen Männern gesellte, die sich ein Fußballspiel anschauten. Ein Verwandter von Tim sah den Dreijährigen hinter dem Lenkrad des Wagens sitzen, in dem noch der Zündschlüssel steckte, und ging zu Tim und sagte es ihm. Er jedoch rührte sich keinen Meter. Ein paar Minuten später kam noch jemand auf Tim zu und machte ihn auf die Gefahr für den kleinen Timothy aufmerksam, der im Auto mit dem Zündschlüssel spielte. Schließlich sahen noch zwei Verwandte nach Tims Sohn und retteten ihn von der Straße. Tim erkannte das Problem einfach nicht! So lange andere Menschen sich um seine Sachen kümmern, wird Tim auch keinerlei Probleme entdecken!

Es mag einfacher scheinen, dem phlegmatischen Kind Aufgaben abzunehmen, als zu warten, bis es endlich selbst so weit ist. Doch geben Sie dieser Versuchung niemals nach! Lernt das phlegmatische Kind nicht, für seine Aufgaben Verantwortung zu übernehmen, wird es nie erwachsen werden und Verantwortung für sein Leben erkennen. Helfen Sie ihm, sich zu organisieren, aber nehmen Sie ihm niemals die Arbeit ab!

Berücksichtigen Sie alle Fakten!

Durch die friedliebende und umgängliche Art des Phlegmatikers entschuldigt man gerne seine Mängel. Cholerische Eltern, die sich von anspruchsvolleren Menschen und Aufgaben leicht (und gern) ablenken lassen, entschuldigen sicherlich auch häufig die Mängel ihres Kindes. Selbst wenn ein cholerischer Vater oder eine cholerische Mutter für die Bereitschaft ihres phlegmatischen Kindes, schnell zu vergeben und zu vergessen, dankbar sind, können super aktive cholerische Eltern mit phlegmatischen Laisser-faire-Kindern schnell ungeduldig werden.

Der umgängliche phlegmatische Tommy musste nach der Schule noch zum Baseball-Training. Sein cholerischer Vater hatte sich vorgenommen, ihn dort um vier Uhr abzuholen. Nach dem Training war der Parkplatz mit Eltern, die ihre kleinen Baseballspieler abholten, überfüllt. Aber Tommys Vater war nicht dabei. Tommy wurde vom Herumstehen müde und setzte sich an den harten Straßenrand. Nach einigen Minuten erblickte er unter einem Baum neben dem Parkplatz eine grüne Rasenfläche und beschloss, es sich dort bequemer zu machen. Einige Zeit später stellte Tommy fest, es wäre noch bequemer, wenn er sich im kühlen Gras ausstreckte. Also legte er sich den Baseball-Handschuh als Kissen unter den Kopf und war in wenigen Minuten eingeschlafen.

Als Tommy aufwachte, war es bereits dunkel. Er bekam einen gewaltigen Schreck, denn sein Vater würde wütend sein, dass er nicht an der Stelle gewartet hatte, wo er warten sollte. Und außerdem hatte er Hunger. Also er ging zu einer Kirche in der Nähe und fragte, ob er das Telefon benutzen dürfe, um seine Eltern anzurufen. Der Pastor schien ganz erleichtert. „Dein Papa hat dich schon überall gesucht. Niemand konnte dich finden, Tommy", sagte er. „Deine Eltern haben sich große Sorgen um dich gemacht und wollten schon die Polizei rufen!" In wenigen Minuten fuhr Tommys Vater vor. Tommy stieg ins Auto und sie fuhren heim.

Wenn Sie Tommys cholerischer Vater wären, wie hätten Sie reagiert? Hätten Sie Ihren Sohn angeschrien, weil er nicht an der richtigen Stelle auf Sie gewartet hat, oder hätten Sie verstanden, dass er nach dem langen Schultag und dem Baseball-Spiel so müde war, dass er sich ins Gras gelegt hatte? Hätten Sie bemerkt, dass Ihre eigene Neigung, immer in der letzten Minute zu kommen – weil es immer noch etwas Wichtigeres zu erledigen gibt –, zu der Situation beigetragen hat? Hätten Sie zugegeben, dass Sie sehr schnell um den Parkplatz herumgefahren sind, ungeduldig die Szene ins Auge gefasst haben und dann davongefahren sind mit dem festen Entschluss, Tommy eine Lektion zu erteilen? Cholerische Eltern kommen leicht zu falschen Schlüssen, wenn sie sich nicht die Zeit nehmen, die Fakten zu analysieren und dabei die unterschiedlichen Temperamente ihrer Kinder in Betracht ziehen.

Tommy war dankbar, dass sein Papa beide Temperamente verstand: sein eigenes und das seines Sohnes. Auf dem Heimweg entschuldigte sich sein Vater für sein Zuspätkommen und machte den Vorschlag, dass sie in Zukunft eine bestimmte Stelle ausmachen sollten, wo Tommy warten konnte. Das ist ein schönes positives Beispiel für einen Choleriker, der seine eigene Verantwortung erkannte und gleichzeitig nach einer Lösung suchte!

Wählen Sie Ihr Kampfgebiet!

Wer sein phlegmatisches Kind nicht aus den Augen lässt und sich um seine Erziehung bemüht, hilft ihm bestimmt damit. Allerdings kommt es hin und wieder vor, dass phlegmatische Kinder nicht mit dem übereinstimmen, was ihre cholerischen Eltern von ihnen verlangen. Und je mehr die cholerischen Eltern drängeln, umso mehr Widerstand leistet das phlegmatische Kind.

Als Lucy die verschiedenen Temperamente kennen lernte, verstand sie schließlich, warum für ihren ältesten Sohn die einfachsten Aktivitäten so schwierig waren. Schon im Vorschulalter war es ein ständiger Kampf gewesen, Jeremy anzuziehen und ihn in den Kindergarten zu fahren. Ganz gleich, wie gut Lucy am Abend zuvor alles vorbereitet hatte, der Junge bummelte und trödelte sich durch den Morgen, selbst wenn Lucy einen Wecker stellte und ihm die Zeit vorgab. Eines Abends erklärte sie ihm, sie würde am nächsten Morgen zu einem bestimmten Zeitpunkt zum Kindergarten fahren, egal, ob er fertig wäre oder nicht.

Am nächsten Morgen war Jeremy noch in seiner Unterwäsche, obwohl der Wecker mehrmals geläutet hatte und sich die festgesetzte Abfahrtszeit näherte.

Pünktlich stieg Lucy mit einem halb angezogenen wütenden Jeremy ins Auto. Er konnte es nicht begreifen, dass seine Muter ihn tatsächlich in diesem Zustand in den Kindergarten fuhr und fragte: „Was soll das? Willst du mich etwa so in den Kindergarten fahren? Ich steig nicht aus dem Auto aus!"

Lucy hatte seine restliche Kleidung in einen Sack gestopft, weil sie schon erwartet hatte, dass er wieder nicht rechtzeitig in die Klamotten kam. Darum konnte sie unbekümmert antworten: „Das liegt an dir. Ich habe deine Kleider mitgenommen. Sie sind dort in dem Sack. Wenn wir beim Kindergarten ankommen und du bist nicht angezogen, steigen wir so aus, wie du bist."

Bis zum Kindergarten hatte Jeremy alles angezogen bis auf seine Schuhe. In den folgenden Tagen fuhren sie immer wieder mit Jeremy in seiner Unterwäsche los und erreichten den Kindergarten, wenn Jeremy sich gerade noch den letzten Schliff gab. Erst als Jeremy nach langer Zeit einsah, dass es vielleicht doch besser war, sich zu Hause anzuziehen, änderte sich die Abfahrt in der Unterwäsche.

Jeremy und Lucy fochten außerdem einen ähnlichen Kampf bezüglich seines Zimmers aus. Je mehr sie sich über seine Unordnung aufregte, umso entschlossener zeigte er sich, keine Hand zu rühren. Irgendwann lud Jeremys bester Freund ihn wieder einmal zu sich zum Übernachten ein. Nach einigen weiteren Besuchen bei Matt war es an der Zeit, diesen auch einmal zu sich einzuladen, und Jeremy sprach mit seinen Eltern darüber. Lucy fand, das sei eine gute Idee, allerdings müsse er erst sein Zimmer aufräumen.

Fünf Monate vergingen, aber Jeremy räumte sein Zimmer nicht auf. Dann zog Matt fort, Jeremy blieb allein in seiner Unordnung zurück und Lucy regte sich immer noch auf. Als Matt die Stadt verlassen hatte, machte Lucy schließlich Jeremys Zimmer sauber. Ihre einzige Hoffnung, ihren Sohn zum Zimmeraufräumen zu motivieren, war weggezogen!

Der phlegmatische Jeremy verweigerte sich einfach, wenn seine Mutter ihn bedrängte. Wie bei der Anziehaktion im Auto in seiner Vorschulzeit konnte er durch niemand anderen als durch sich selbst motiviert werden. Und in diesem Fall hatte er keinen Anlass gesehen, nachzugeben.

Cholerische Eltern müssen ihren phlegmatischen Kindern einiges zugestehen. Tolerieren Sie allerdings nie Respektlosigkeit, Verachtung oder Täuschung und bestehen Sie auf angemessene Regeln für ein akzeptables Benehmen zu Hause und in der Schule. Lernen Sie, genau zu überlegen, auf welchem Gebiet Sie kämpfen wollen. Andernfalls werden Sie keine ruhige Minute mehr finden, in denen Sie sich von dem Ärger über das Benehmen Ihres Kindes erholen können!

Beweg dich!

Eltern müssen das Persönlichkeitsprofil ihres Kindes verstehen, damit sie es erziehen und es erfolgreich motivieren können. Verstehen sie das Persönlichkeitsprofil ihres Kindes nicht, ist die Chance für eine gesunde Atmosphäre zu Hause, die für eine gute Erziehung notwendig ist, gering.

Al kann sich gut daran erinnern, dass er endlose Stunden in seinem Zimmer verbracht hat und Seite um Seite als Strafe für schlechtes Benehmen abschreiben musste. Al wollte jedoch nichts lieber als Fernsehen und in Ruhe gelassen werden. Durch die hohen Erwartungen seiner Eltern trug sein geringes Entgegenkommen allerdings zur finanziellen Aufbesserung der Papier- und Bleistiftindustrie bei. Er beschrieb zahllose Seiten mit: „Ich muss nach der Schule meine Hausaufgaben machen" und „Ich muss tun, was mir gesagt wird!"

Doch anstatt dass ihn diese Strafe für seine Hausaufgaben motivierte, setzte er all seine Energie ein, um neue Wege zu finden, wie er möglichst energiesparend seine Strafsätze aufs Papier bringen könnte, selbst wenn ihm dies wiederum weitere Strafen einbrachte. Einmal fand er heraus, wie er mit sieben Stiften gleichzeitig die zahllosen Zeilen seiner Strafsätze schreiben konnte!

So lange er das Missfallen seiner Eltern spürte, war Al nicht in der Lage, sich zu motivieren und sich Mühe zu geben, auch nur in etwa den Erwartungen seiner Eltern zu entsprechen. Er war sich sicher, dass er doch nur wieder versagen würde. Stattdessen musste er so geliebt und akzeptiert werden, wie er war. Vorher reichte seine Motivation nicht aus, aus den alten Gleisen auszubrechen und Neues zu wagen.

Zu Beginn seiner Highschoolzeit überredete Als Freund ihn, mit in die Fußballmannschaft zu gehen. Er hatte beim letzten Spiel der Saison nur etwa fünf Minuten mitgespielt, doch der Coach zeigte ein persönliches Interesse an ihm und bestand darauf, dass Al mit ins Sommer-Trainingslager fuhr. Dort im Sommerlager fand Al Menschen, die sich um ihn kümmerten und ihm halfen, sein Fußballtalent zu entwickeln. Nach Hause zurückgekehrt, verbrachte er sechs bis acht Stunden täglich auf dem Fußballplatz in der Nähe seines Zuhauses.

Fußball wurde *die* Motivation schlechthin für Al! Sogar seine Mutter konnte ihn schließlich in Bewegung setzen. So kam es, dass Al entsprechend seiner zunehmenden Geschicklichkeit beim Fußballspiel immer mehr Selbstachtung entwickelte. In der nächsten Saison wurde er der beste Torschütze seiner Mannschaft. Endlich hatte dieses einseitig interessierte Kind einen Grund gefunden, etwas zu tun!

Erwarten Sie nicht, dass Ihr phlegmatisches Kind in jedem Lebensbereich Ihren Erwartungen entspricht! Helfen Sie ihm lieber, seine eigenen Interessensgebiete zu entdecken, in denen es sich selbst Erfolgsziele setzen kann!

Ich mach das schon – wann ich will

Cholerische Eltern werden oft ungeduldig, wenn ihre phlegmatischen Kinder sich nicht so schnell entwickeln, wie sie es sich gedacht haben.

Gregs phlegmatische Persönlichkeitsstruktur ließ sich gleich zu Beginn seines Lebens erkennen. Er kam mit zwei Wochen Verspätung auf die Welt, denn geboren werden bedeutete einfach zu viel Stress für ihn! Er machte keinen Versuch sich zu setzen, zu sprechen oder gar zu laufen bis zu dem Tag, an dem seine Mutter mit einer Freundin am Telefon sprach: In dem Moment beherrschte Greg alle drei „Disziplinen" mit einem Schlag!

Greg war ganz anders als seine Geschwister. Sie waren blond – er war dunkel. Sie liebten Cartoons – er bevorzugte die Ruhe seines Kinderzimmers und malte hin und wieder eigene Cartoons. Wie seine Grundschullehrerin es ausdrückte, marschierte Greg nach seiner eigenen Musik. Er weigerte sich stur, seine Schulaufgaben zu machen und meinte dazu: „Wenn die Lehrerin selbst nicht weiß, wie viel sechs plus sechs ist, bin ich doch nicht so dumm, es ihr zu sagen!"

Greg war nicht besonders schüchtern. Er sagte nur einfach nichts, wenn er nichts zu sagen hatte. Schon das allein unterschied ihn vom Rest der Familie. Und das erklärte auch, warum man sich nie genau erinnern konnte, ob er tatsächlich mit im Zimmer gewesen war oder nicht.

Beverly versuchte, Greg zu Initiative und Enthusiasmus zu erziehen und gab ihn in einen Sportverein. Sie hoffte, dass er dort Freunde finden würde und er während der Spielsaison etwas aus sich herausgehen würde. Aber irgendwie schien das nicht zu klappen. Als die Saison zu Ende ging, war seine Liga die zwölfte von zwölf Teams. Beverly vermied es, dem Trainer zu begegnen, weil es sie peinlich berührte, dass es Greg völlig gleichgültig war, ob seine Mannschaft gewonnen oder verloren hatte. Da hörte

Beverly ihren Namen rufen. Sie drehte sich um, und sah den Trainer eilig auf sich zulaufen. Mit klopfendem Herzen und einer Entschuldigung auf den Lippen blieb sie stehen.

„Raten Sie mal, raten Sie mal, Mrs. O!“, überschlug sich der Trainer. „Greg hat mit mir gesprochen. Er hat ‚Bye, Trainer‘ gesagt!“ Nachdem er ihr dies mitgeteilt hatte, wollte der Trainer wieder gehen, drehte sich aber noch einmal um, schaute über seine Schulter zurück und grinste: „Eine großartige Saison, finde ich!“

Tränen schossen Beverly in die Augen, während sie nach ihrem Sohn suchte. Das war ein Trainer! Einer der den Wert ihres Jungen über die Zahl auf der Tabellenliste stellte!

Vergessen Sie nie den Wert des individuellen Temperaments Ihres Kindes! Freuen Sie sich über die kleinen Fortschritte und drängen Sie Ihr Kind nicht, dass es so aus sich herausgeht oder so viel Antrieb hat wie Sie! Machen Sie ihm vielmehr Mut, während es – in der ihm angemessenen Zeit – heranreifen darf.

Melancholische Eltern mit einem phlegmatischen Kind

Eltern wie Kind freuen sich in dieser Konstellation an der ruhigen Atmosphäre und werden gut miteinander auskommen. Melancholische Eltern schätzen die Ruhe ihrer phlegmatischen Kinder und freuen sich über ihr freundliches und angenehmes Wesen. Wenn das Kind allerdings die ruhige Zeit nicht produktiv nutzt oder sich keinem lohnenswerten Projekt widmet, sind seine Eltern wahrscheinlich enttäuscht.

Melancholische Eltern können ihr phlegmatisches Kind am besten motivieren, weil sie seine friedliebende Persönlichkeit sehr gut verstehen. Sie werden ihr Kind nicht durch Strenge und Stärke überrumpeln und überrennen. Vielmehr sind melancholische Eltern in der Lage, das Kind sanft in die richtige Richtung zu lenken. Diese Eltern sollten aber darauf achten, dass ihre hohen Maßstäbe das Kind nicht überfordern. Denken Sie daran, dass phlegmatische Kinder alle Aktivitäten daran messen, wie viel Energie sie erfordern und dass sie gern schnell aufgeben, wenn zu viel Arbeit mit einer Sache verbunden ist.

Phlegmatische Kinder brauchen sehr viel Ermutigung, aber melancholische Eltern sind nicht daran gewöhnt, mit Lob großzügig umzugehen. Also müssen Sie sich diesbezüglich besondere Mühe geben und sich viel Zeit nehmen, ihre phlegmatischen Kinder zu führen und zu bestätigen. Das ist der einzige Weg, sie zu motivieren, damit sie ihre Leistungsfähigkeit erreichen.

Deine Perfektion oder unsere Perfektion?

Phlegmatische Kinder durchschauen Dinge und Menschen wie sonst kaum jemand, wenn es zu Differenzen zwischen ihnen und ihren melancholischen Eltern kommt.

Die zwei phlegmatischen Töchter von Libby machen da keine Ausnahme. Bat Libby die Mädchen, ihre Zimmer sauber zu machen, stellten die beiden stets die Frage: „Muss es nach deiner Perfektion gehen, Mami, oder reicht unsere aus?"

Libby hat gelernt, ihren Mädels zu zeigen, dass es unterschiedliche Blickwinkel und Wertigkeiten gibt. Weil sie bereit ist zuzugeben, dass ihr Standard nicht notwendigerweise der einzig richtige Standard ist, können die Töchter verstehen, dass sie sich gegen einen festgelegten „perfekten" Standard zur Wehr setzen dürfen, dass sie sich jedoch in einer besonderen Situation auch mal nach einem bestimmten Standard richten müssen.

Wenn Ihre Kinder mit der Zeit die Unterschiede zwischen den Persönlichkeitstypen verstehen, werden sie Menschen besser einschätzen lernen und realistische Erwartungen an andere stellen können.

Komm zurück in die Wirklichkeit

Weil phlegmatische Kinder so einseitig sein können, ist es oft schwierig, etwas zu finden, was sie wirklich interessiert. Haben Sie allerdings einmal ihre Ecke gefunden und freuen sich an ihrer Tätigkeit, kann nichts und niemand mehr sie davon abbringen, ja, sie können darüber sogar andere wichtige Dinge vernachlässigen. Das kann ihre gewissenhaften Eltern in Sorge versetzen.

Barbaras achtjähriger Michael verbrachte seine ganzen Sommerferien im Gelände hinter ihrem Haus, wo er mit anderen

Kindern unterirdische Forts baute. Als Barbara unter seinem Bett und hinter dem Schrank nasse Hosen entdeckte, machte sie sich Gedanken, was mit ihrem Sohn los sei. Hatte er vielleicht Alpträume oder emotionale Traumata? Sie musste mit Michael reden! Endlich nahm sie allen Mut zusammen und stellte ihren Sohn zur Rede. Seine Erklärung erleichterte sie jedoch sehr.

„Ja, Mama, das Bauen macht so viel Spaß, dass mir der Weg zur Toilette zu weit ist und ich keine Lust habe, nach Hause zu laufen. Darum halte ich so lange wie möglich ein – und dann passiert es!“

Phlegmatische Kinder treiben sich nicht zur Perfektion an. Sie können jedoch bei einer sie interessierenden Sache alles um sich herum vergessen. Bringen Sie ihnen bei, sich nach der Uhr zu richten, damit sie auch dann wieder auftauchen, wenn sie sich in ihre Lieblingsbeschäftigungen vergraben haben.

Zu bequem?

Bequemlichkeit ist eine starke gefühlsmäßige Motivation für phlegmatische Kinder. Sie können es sich überall gemütlich machen, sehr zum Unbehagen melancholischer Eltern.

Wenn Barbaras Sohn Joe aus der Schule nach Hause kommt, lässt er seine Bücher auf den Wohnzimmertisch fallen und stürmt in die Küche zum Kühlschrank. Er holt sich Chips und Mineralwasser, stellt den Fernseher an und wirft sich auf die Couch. Während er isst und fernsieht, erinnert ihn seine ordnungsbewusste Mutter Barbara garantiert an seine Hausaufgaben.

Joe, der es sich gerade so schön gemütlich gemacht hat, stellt sich vor, dass er in dieser Position eigentlich auch noch ganz nebenbei seine Hausaufgaben erledigen könne. Seine Bücher liegen ohnehin in Reichweite des Sofas auf dem Wohnzimmertisch. Also kann er doch wunderbar seine Hausaufgaben machen, dabei essen und fernsehen. Natürlich kommt es letztlich nicht dazu.

Nach etwa einer Stunde stellt Barbara fest, dass ihr Sohn sich Schuhe und Strümpfe ausgezogen hat, die jetzt auf der Couch liegen, und er sich inzwischen aus seinem Zimmer ein Videospiel und ein Kopfkissen geholt hat. Ganz gleich, wo Joe sich im Haus aufhält, er schafft sich überall seine eigene kleine Kuschelecke, die in den Augen seiner Mutter ein einziges Chaos ist. Fast jeden Tag erinnert sie ihn daran: „Das Wohnzimmer ist nicht dein Schlafzimmer, Joe!"

Um sich nicht verrückt zu machen, hat die Melancholikerin Barbara ihrem Sohn gegenüber eingestanden, dass er sich jeden Tag, wenn er nach Hause kommt, eine Weile im Wohnzimmer entspannen darf. Nach einer halben Stunde etwa weiß Joe: Jetzt wird es Zeit! Er beseitigt seine Spuren und macht seine Hausaufgaben. Mutter und Sohn haben einen Kompromiss gefunden und Joe ist glücklich, dass er sich nicht mehr jeden Tag anhören muss: „Das Wohnzimmer ist nicht dein Schlafzimmer, Joe!"

Phlegmatische Eltern mit einem phlegmatischen Kind

Phlegmatische Eltern und Kinder finden das Leben gar nicht so schrecklich aufregend. Sie freuen sich an einer entspannten unproblematischen Beziehung und sind der Meinung, dass „alles nicht so wichtig ist." Das kann allerdings dazu führen, dass die Kommunikation zwischen ihnen langsam aber sicher stirbt. Die Beziehung zwischen Eltern und Kind kann abbrechen, wenn sich nicht beide Seiten darum bemühen.

Das phlegmatische Kind lässt sich leichter als alle anderen Kinder erziehen. Das beglückt besonders die Eltern, die nicht gern viel Energie für ein fleißiges Kind aufwenden wollen. Mein Schwiegersohn war so ein anpassungsfähiges Kind. Er saß, wo man ihn hinsetzte und las in jeder Ecke. Er schlief überall und aß zu jeder Zeit.

Ein solches Verhalten gefällt einer phlegmatischen Mutter oder einem phlegmatischen Vater sehr. Jedoch sollten diese Eltern nicht in allen Lebensbereichen entspannt sein. Sie müssen auch Selbstdisziplin üben und ihren Kindern ein Vorbild sein. Motivieren Sie Ihre Kinder und helfen Sie ihnen, dass sie sich Ziele setzen und entwickeln Sie Möglichkeiten, wie Sie Ihren Kindern entgegenkommen können.

Zu viel Arbeit

Es wird schwierig, phlegmatische Eltern mit einem phlegmatischen Kind zu motivieren. Möglicherweise bleiben Eltern wie Kind unmotiviert und unbeweglich. Oder das Kind zeigt Interesse an einer Sache und die Eltern unterstützen das Kind nicht genügend, weil es für sie vielleicht zusätzliche Arbeit bedeuten könnte. Einige Eltern gehen sogar so weit, dass sie die Wahrheit verschleiern, wenn sie sich ihrerseits dadurch Arbeit ersparen können.

Ray wollte gerne in einem Fußballverein mitspielen und drängte seinen Vater, dass er ihm ein Probespiel erlaubte. Einige Tage nach dem Spiel sagte ihm sein Vater, der Trainer habe angerufen und gesagt, er sei nicht gut genug für die Mannschaft. Ray war sehr enttäuscht, aber er akzeptierte, friedliebend wie er war, dass er nicht gut genug für den Verein sei.

Einige Zeit später sprach der Trainer Ray direkt an: „Schade, dass dein Vater dich nicht fahren kann. Wir hätten dich so gern in unserer Mannschaft gehabt."

Ray traute seinen Ohren nicht, als der Trainer ihm erklärte, dass Ray viel Talent habe. Nur wolle sein Vater ihn nicht zu den Spielen hin- und herfahren, weshalb man ihn nicht in der Mannschaft aufnehmen konnte.

Ray war so bedrückt über diese Zurückweisung, dass er nie wieder Sport getrieben hat. Und als ein typisch friedliebender phlegmatischer Mensch hat Ray diese Verletzung nie mit seinem Vater besprochen. Ja, es ist dem Vater nicht einmal bewusst, dass Ray die Wahrheit kennt! Und der Vater wird die Sache ganz bestimmt nicht mehr auf den Tisch bringen!

Phlegmatiker werden einander oft fremd, weil sie aufgrund ihrer Friedfertigkeit nicht in der Lage sind, Enttäuschungen und unerfreuliche Dinge miteinander zur Sprache zu bringen und auszuräumen. Sie tun alles, um eine Konfrontation zu vermeiden. Das führt schließlich dazu, dass sie sich oft nur oberflächlich unterhalten.

Spaß ist nicht das, was man tut

Phlegmatische Eltern und Kinder ruhen sich miteinander aus und entziehen sich dem Druck, den andere auf sie ausüben. Sie lehnen sich in ihren Schaukelstuhl zurück und verbringen einen Nachmittag angelnd am See und kümmern sich nicht um Zeit und Stunde und um das Telefon.

Der zwölfjährige Joe war am Wochenende viel bei seinem geschiedenen Vater Mike. Es waren richtige Phlegmatiker-Geschichten, die Joe von seinem Vater erzählte.

Normalerweise gehen sie Freitagabends in ein Fast-Food-Restaurant, denn das ist viel einfacher, als zu Hause zu essen und außerdem gibt es so keinen Abwasch. Samstags stehen Vater und Sohn früh auf, fahren zum Angeln und halten unterwegs zum Frühstücken an. Manchmal gehen sie auch einkaufen, das heißt, sie holen sich nur, was sie brauchen, und fahren heim. Nachmittags sind beide Männer müde. Darum schalten sie, sobald sie nach Hause kommen, den Fernseher an und schlafen dabei ein. Für den Abend schieben sie ein ausgeliehenes Video in den Rekorder. Nach dem Gottesdienst am Sonntagmorgen bringt Joes Vater seinen Sohn dann wieder zu seiner Mutter zurück. Obwohl diese Wochenenden nach Auffassung vieler Menschen alles andere als aufregend sind, berichtet Joe: „Ich hab so viel Spaß mit meinem Papa."

Phlegmatische Kinder und Eltern sollten diese entspannte Zeit miteinander genießen. Jedoch müssen sie sich vorsehen, dass sie dabei nicht den Rest der Welt vor ihrer Haustür lassen. Andernfalls werden sie mit dem Leben nicht fertig werden, weil keiner den anderen motiviert.

Sprich mit mir!

Wenn phlegmatische Eltern sich nicht selbst zwingen, mehr Anteil an ihrer Umwelt zu nehmen, werden sie ihren Kindern nicht mit Rat und Tat zur Seite stehen können.

Bob zum Beispiel blieb seinen Kindern gegenüber stets reserviert. Er machte ihnen nur wenige Vorschläge und verhielt sich so, als sei er für sie nicht zuständig.

Bobs Tochter Kara gewann im Laufe der Jahre den Eindruck:

Wenn ich Papa etwas frage, muss ich etwa drei Tage lang auf eine Antwort warten. Für sie war er kein Vater, der Anteil nahm oder sich gar kümmerte. Nach der Schule zog Kara von zu Hause aus und ging mit ihren beiden Cousins nach Süd-Kalifornen. Bob gefiel das zwar nicht, aber er sagte auch nicht viel dazu.

In den nächsten drei Jahren hörte Bob zum ersten Mal etwas über die verschiedenen Persönlichkeitsprofile und erkannte endlich seine Stärken. Als seine Tochter fragte, ob sie wieder zu Hause wohnen könne, stimmte er glücklich zu. Der Vater, den sie bei Ihrer Heimkehr vorfand, war ganz anders als der, den sie vor drei Jahren verlassen hatte.

Eines Tages sprach sie mit ihm darüber. „Papi, du hast dich sehr verändert", sagte sie. „Du bist nicht der Vater, mit dem ich aufgewachsen bin. Heute kann ich mit dir reden." Weil Bob inzwischen seine Sprachlosigkeit erkannt und das Bedürfnis seiner Tochter nach Liebe und Verständnis begriffen hatte, konnte Bob eine neue Beziehung zu seiner Tochter aufbauen.

Sollten Sie eine phlegmatische Mutter oder ein phlegmatischer Vater sein, dann machen Sie sich die Mühe und arbeiten Sie an einer sinnvollen Kommunikation mit ihren Kindern!

Phlegmatische Kinder können Frieden und Entspannung in jedes Heim bringen. Seien Sie dankbar für ihre fröhliche, entspannte Art. Lassen Sie aber nicht zu, dass sie faul werden und nur durch ihr Leben tingeln. Bringen Sie ihnen Verantwortung für ihr Leben bei und überzeugen Sie sie von wertvollen Zielen. Mit liebevoller Motivation und Ermutigung werden diese liebenswerten Menschen alles aus sich herausholen.

Die Präsidenten Eisenhower, Ford und Bush waren alle Phlegmatiker, die sich als Kinder Ziele setzten und mit zielbewusstem Interesse die höchste Position ihres Landes anstrebten. Sie haben es nicht etwa erreicht, weil sie brillante Ideen hatten, sondern weil sie freundliche, personenbezogene und friedliebende Menschen waren, denen man vertrauen konnte. Motivieren Sie Ihre Phlegmatiker zu hohen Zielen! Helfen Sie ihnen, sich besondere Ziele zu stecken, die zu ihrem Temperament und ihren Begabungen passen, und lassen Sie diese Kinder wissen, dass auch sie bedeutende Leiter werden können!

Kapitel 11

Freuen Sie sich an dem Persönlichkeitsporträt Ihrer Familie

Einsicht schenkt denen, die sie haben, das Leben.
(Sprichwörter 16,22)

Haben wir erst einmal alle Varianten verstanden, die in Eltern-Kind-Beziehungen möglich sind, können wir die einmaligen Stärken und Schwächen unserer eigenen Familienmitglieder bewerten. Vielleicht glauben Sie, Ihre Erfahrungen liegen hoffnungslos unter jeder Norm. Denken Sie jedoch daran, dass es 16 verschiedene Eltern-Kind-Kombinationen gibt und nicht zwei davon sind identisch. Falls Sie vier Kinder haben, ergeben sich vier verschiedene Kombinationen! Was Sie bei dem ersten Kind durch Ausprobieren und durch Fehler gelernt haben, kann bei den übrigen Kindern wieder ganz anders sein. Darum ist es wichtig, jedes Persönlichkeitsprofil in jeder einzelnen Beziehung zu identifizieren und entsprechend daran zu arbeiten. Sobald Sie das Persönlichkeitsprofil eines jeden Familienmitglieds verstehen, können Sie jedes Familienmitglied einzeln betrachten und seine Stärken und Schwächen sowie Ihre eigenen Stärken und Schwächen richtig einschätzen. Sie werden sich dann über das Gesamtporträt freuen.

Nicht ein Ei gleicht dem anderen

Dianas vier Söhne liegen altersmäßig nahe beieinander, aber in ihren Persönlichkeiten unterscheiden sie sich sehr. David, der Älteste, wurde als ein liebenswertes, sonniges Baby geboren, das sich des Lebens freute und in jeder Hinsicht angenehm war und kaum schrie. Dieser glückliche Sanguiniker bezauberte jeden, der ihm begegnete. Selbst wenn er es nicht zu großem Wohlstand in seinem Leben bringen sollte, wird er immer viele Freunde und viel Spaß haben.

Dianas zweiter Sohn Rick unterschied sich von David wie ein Ochsenfrosch von einem Schmetterling. Rick war bombastisch, laut und dickköpfig (er hatte in der Tat einen eisernen Willen). Rick hat ein freundliches und weiches Herz unter seiner rauen Schale und seinem schwerfälligen Äußeren. Doch es ist nicht leicht, an seinen weichen Kern heranzukommen. Als er klein war, hatte man den Eindruck, es bedeute für Diana einen großen Kampf, nach seinen liebenswerten Seiten zu suchen.

Nummer drei ist Robbie, Dianas Melancholiker. Er wurde geboren, als Rick genau zwei und David fast vier Jahre alt war. Robbie guckte stets zwischen den Stäben seines Gitterbettchens hindurch und schien alle übrigen Familienmitglieder zu beobachten und zu analysieren. Er stellte seine Matchbox-Autos ordentlich in eine Reihe und ließ sie nicht, wie David, kreuz und quer herumliegen und machte es nicht wie Rick, der sie wütend durch die Gegend warf. Schon sehr früh wollte Robbie Unternehmer werden und machte entsprechende Pläne. Heute besitzt er ein Restaurant, das mit äußerster Präzision funktioniert.

Dianas jüngster Sohn Glen war ein Überraschungspaket. Er wurde 17 Monate nach Robbie geboren und kam bereits etwas widerwillig auf die Welt. Er war der einzige, mit dem Diana zweimal mit falschem Alarm in den Kreissaal ging und damit gab er seinem Lebensstil bereits eine Richtung. Phlegmatiker Glen war sein Leben lang ein Zauderer. Er ist sehr angenehm, ja liebenswert, aber, wie Diana sagt: „Er kann dich verrückt machen, wenn du auf ihn warten musst, bis er kommt, etwas anfängt oder eine Sache zu Ende bringt.“

Wenn Diana nichts über die unterschiedlichen Persönlichkeitstypen wüsste, würde sie auf die Jahre der Erziehung dieser vollkommen verschiedenen Kinder als ein völliges Versagen zurückschauen. Doch heute kann sie mit ihren Kindern über die Situationen lachen, die sie damals völlig fertig gemacht haben, die aber, wie sie heute weiß, die exakten Darstellungen jeder einzelnen Persönlichkeit ihrer Söhne waren.

Die Vergangenheit verstehen

Betrachten wir Ereignisse aus der Vergangenheit durch das Vergrößerungsglas der unterschiedlichen Grundtemperamente, verstehen wir plötzlich so manches, was uns seiner Zeit erschreckt hat.

Meine Tante Sadie war cholerisch-melancholisch, unverheiratet und wohnte mit meiner phlegmatischen Großmutter zusammen. Zu Weihnachten trafen wir uns stets dort als Familie mit allen Verwandten von Nah und Fern zu einem großen Fest. Jeder trug eine Kleinigkeit zum Festessen bei. Aber die Hauptlast lag bei Tante Sadie. Sie schaffte in der Küche, während jeder von uns dachte, er habe mit Kartoffelschälen oder Zwiebelpellen seinen Beitrag zum Fest geleistet.

Stand das Essen dann auf dem Tisch, setzten wir uns darum herum und feierten mit viel Spaß und Gelächter. Nach dem Essen trugen wir unser Geschirr in die Küche und setzten uns in kleinen Gruppen zusammen. Niemand kam auf die Idee, Tante Sadie für ihre Arbeit zu danken oder ihr seine Hilfe beim Abwasch anzubieten.

Wenn Tante Sadie dann vor den Bergen von Essensresten und schmutzigem Geschirr stand, brach sie jedes Mal in Tränen aus und schluchzte: „Niemand sieht, was ich leiste!“ In diesem Moment wurden immer alle ganz still, Tante Sadie rannte in ihr Zimmer und wir stürzten uns in die Küche und schafften Ordnung.

Nach etwa einer Stunde nahm mich dann meine Großmutter regelmäßig zur Seite und flüsterte mir zu: „Jetzt bist du dran. Geh zu deiner Tante hoch und tröste sie.“

Damals habe ich mich gewundert, warum ausgerechnet ich dazu ausgewählt wurde. Aber ich gehorchte und Tante Sadie gesellte sich wieder zu uns.

Als Kind konnte ich nicht begreifen, was da passierte. Heute verstehe ich, warum sich diese Szene Jahr für Jahr wiederholte. Tante Sadies melancholisches Naturell verlangte von ihr, dass zu

Weihnachten alles perfekt ablief. Ihr cholerisches Naturell zwang ihre Finger, ihren perfektionistischen Vorstellungen bis auf die Knochen gerecht zu werden. Und doch erhielt sie keine Anerkennung für das, was sie getan hatte. Rannte sie davon, wurde ich (als die älteste Sanguinikerin) dazu bestimmt, sie wieder aufzumuntern. Und das klappte jedes Mal! Sie konnte meinem sanguinischem Charme nicht widerstehen und sobald sie etwas Liebe und Achtung von dem Rest der Familie erfahren hatte, freute sie sich über den Kontakt zu allen anderen. Das wiederholte sich Jahr für Jahr, weil jeder von uns immer wieder exakt nach seinem ihm gegebenen Naturell handelte.

Es ist interessant, wenn wir Erwachsene uns die eine oder andere Familienszene ins Gedächtnis zurückrufen, die wir als Kinder nicht verstanden haben. Nachdem wir das Konzept der unterschiedlichen Persönlichkeitsstrukturen inzwischen begriffen haben, werden wir verstehen, warum jeder so gehandelt hat, wie er es damals tat. Und unsere Verwunderung wandelt sich oftmals in ein Schmunzeln.

Die Gegenwart genießen

Obwohl der Rückblick oft der beste Blick ist, brauchen Sie nicht zu warten, bis Ihre Kinder erwachsen sind, um dann erst die unterschiedlichen Persönlichkeiten in Ihrer Familie schätzen zu lernen. Jetzt, wo sie die vier Persönlichkeitstypen verstehen, sollten Sie diese Ihren Kindern erklären. Nehmen Sie sich genügend Zeit und sprechen Sie mit ihnen darüber, sobald Sie sich selbst an der Zusammensetzung der unterschiedlichen Temperamente in Ihrer Familie freuen.

- ▷ Fragen Sie jedes Kind, was ihm an Ihrer Familie gefällt oder nicht gefällt. Hören Sie aufmerksam zu und lassen Sie jedes Kind spüren, wie wichtig Ihnen ist, was es sagt.
- ▷ Sprechen Sie mit Begeisterung über das Temperament jedes Familienmitglieds.
- ▷ Betonen Sie die positiven Seiten jedes Einzelnen und heben Sie hervor, dass einer nicht besser ist als der andere. Wir haben alle

unsere Stärken und Schwächen und wir versuchen nicht, uns grundlegend umzuformen und jemand anderer zu werden.

- Loben Sie die Stärken Ihrer Kinder.
- Lassen Sie Ihre Kinder wissen, wie viel mehr ihre Altersgenossen sie lieben und ihre Familie sie wertschätzt, wenn sie ihre Stärken einbringen.
- Zeigen Sie Ihren Kindern, dass ihre persönlichen Schwächen ganz natürliche Charakterzüge sind, an denen sie arbeiten müssen.
- Reden Sie bereitwillig über Ihr eigenes Temperament, sein Für und Wider, und sagen Sie Ihren Kindern, was Sie an sich verbessern möchten und wie Sie daran arbeiten. Lassen Sie Ihre Kinder gelegentlich überprüfen, ob eine Verbesserung sichtbar wird.

Wenn Kinder mit der Zeit verstehen lernen, warum andere Menschen anders sind als sie selbst, werden sie viel toleranter miteinander umgehen und begreifen, warum auch ihre Eltern unterschiedlich sind. Sie werden dadurch zu einer glücklichen Familie zusammenwachsen!

Fazit: „Jetzt begreife ich!“

Erinnern Sie sich noch an die Familie, der wir zu Beginn in diesem Buch begegnet sind? Die Familie mit dem begeisterungsfähigen Kind, der flüsternden Mutter und dem desinteressierten Vater sowie den verständnislosen Großeltern? Ich frage mich, wie sich diese Familienszene abgespielt hätte, wenn jeder Einzelne das Temperament des anderen verstanden hätte.

Das Kind war offensichtlich ein cholerisches Mädchen, das alles und jeden unter seine Kontrolle bringen wollte und zuschaute, wie seine Familie sich drehte und wendete. Das Kind war laut und ungezogen, weil es wusste, dass niemand es bremsen würde. Es testete seine Grenzen aus und die waren nicht gerade eng bemessen.

Die Mutter, die offensichtlich ein „liebes Kind“ gewesen war, wusste nicht, was sie mit einem so genannten „bösen Kind“ machen sollte. Der Vater, offensichtlich ein Phlegmatiker, schämte sich und versuchte sich in die Menükarte zu flüchten, während die Großeltern klarstellen wollten, dass sie selbst nie so ein ungezogenes Kind wie dieses gehabt hatten (schließlich waren sie „gute Eltern“ gewesen!).

Als ich an dieser verstörten Familie zum Büffet vorbeiging, schaute mich die Kleine an und sagte „Hallo!“ zu mir. Ich blieb stehen und sagte ihr, wie entzückend sie sei. Daraufhin schaute die Mutter mich an und meinte: „Sie können sie mitnehmen!“ Auf meine Antwort, dass ich liebend gern ein solches Kind haben würde, löste der überraschte Blick der Mutter bei der Tochter ein breites Grinsen aus. Endlich hatte das Kind jemanden gefunden, der es mochte!

Ich erklärte der verwunderten Mutter, dass ich Bücher über Kindererziehung schreibe. Und schon stürzte eine Flut von Fragen auf mich ein. Sogar der Vater legte seine Menükarte zur Seite und hörte der Unterhaltung zu! Ich erklärte der Familie, dass die begeisterte cholerische Lebensbejahung ihrer Tochter eine starke Führerpersönlichkeit aus ihrem Kind machen könne, wenn sie ihre

Stärken fördern würden, anstatt sich über ihr Benehmen zu beklagen. Während ich den Eltern vorschlug, sie könnten dem Kind Grenzen setzen, damit es nicht zu wild würde, streichelte ich der Kleinen über das Köpfchen und sagte ihr, dass sie ein liebes Mädchen sei. Damit ließ ich sie wissen, dass ich ein gutes Benehmen von ihr erwarte. Und das verstand sie. Als die Familie das Restaurant verließ, winkte mir die Kleine zum Abschied und die Mutter warf mir einen dankbaren und hoffnungsvollen Blick zu.

Sobald Sie sich selbst, Ihren Ehepartner und Ihre Kinder verstehen lernen, erkennen Sie, wie man mit Weisheit und Wissen zusammenarbeiten kann. Wir sollten dankbar sein, dass wir, wenn wir uns ausreichend Mühe geben, das Verhalten unserer Mitmenschen zu verstehen, mit fast jedem Menschen auskommen können!

Anhang A

Ein Überblick über die vier Temperamente

Aufgeschlossene Sanguiniker: „Lasst uns Spaß haben"

Wunsch:	Spaß haben.
Emotionale Bedürfnisse:	Aufmerksamkeit, Zustimmung, Herzlichkeit, Akzeptanz, Umgebensein von Menschen und Aktion.
Hauptstärken:	Fähigkeit, jederzeit, an jedem Ort über jedes Thema zu reden, überschäumende Persönlichkeit, Optimismus, Humor, Fähigkeit, Geschichten zu erzählen, Spaß an Menschen und Geselligkeit.
Hauptschwächen:	Unorganisiert, erinnern sich nicht an Einzelheiten oder Namen, übertreiben gern, nehmen nichts richtig ernst, verlassen sich darauf, dass andere die Arbeit machen, zu leichtgläubig und naiv.
Sind deprimiert, wenn	das Leben keinen Spaß macht und sie vermeintlich keiner liebt.
Haben Angst	unbeliebt zu sein oder sich zu langweilen, in einem festgesteckten Zeitrahmen leben zu müssen, über ihre Ausgaben Buch führen zu müssen.
Mögen Leute, die	zuhören und lachen, loben und zustimmen.
Mögen Leute nicht, die	kritisieren, nicht auf ihren Humor reagieren, sie nicht nett finden.

Zeichnen sich bei der Arbeit aus durch:	Kreativität, Optimismus, Lebensfreude, die Fähigkeit, andere aufzuheitern, Unterhaltsamkeit.
Könnten noch besser werden, wenn sie	organisierter wären, nicht so viel reden würden, Zeiteinteilung beachteten.
Als Leiter sind sie:	begeisternd, überzeugend, inspirierend und motivierend, charmant und unterhaltsam; vergesslich, mit wenig Durchhaltevermögen.
Reaktion auf Stress:	fliehen vor der Stressursache, machen Einkaufsbummel, suchen sich Leute, mit denen sie Spaß haben können, erfinden Ausreden, schieben die Schuld auf andere.
Man erkennt sie daran, dass sie	pausenlos laut reden und viel lachen.

Willensstarke Choleriker: „Es wird so gemacht, wie ich es sage“

Wunsch:	Die Kontrolle zu haben.
Emotionale Bedürfnisse:	Wertschätzung jeder Leistung, wollen in der Familie bei allem gefragt sein, übernehmen die Führung, suchen Kontrolle.
Hauptstärken:	Fähigkeit, jede beliebige Angelegenheit von jetzt auf gleich in die Hand zu nehmen und schnell richtige Entscheidungen zu treffen.
Hauptschwächen:	spielen sich als Boss auf, dominieren, sind autokratisch, unsensibel, ungeduldig, nicht bereit zu delegieren oder andere anzuerkennen.
Sind deprimiert, wenn	das Leben außer Kontrolle gerät und Menschen ihrer Umgebung nicht so

	funktionieren, wie sie es für richtig halten.
Haben Angst,	die Kontrolle zu verlieren.
Mögen Menschen, die	sich unterordnen und sie unterstützen, die Dinge so sehen wie sie, kooperativ sind, ihnen Anerkennung geben.
Mögen Leute nicht, die	faul sind und kein Interesse haben, ausdauernd und stetig zu arbeiten; sich gegen ihre Autorität sträuben, sich unabhängig machen und nicht loyal sind.
Zeichnen sich bei der Arbeit dadurch aus, dass sie	in kurzer Zeit viel schaffen können und normalerweise Recht haben.
Könnten noch besser werden, wenn sie	auch andere Entscheidungen treffen ließen, Verantwortung abgeben könnten, geduldiger wären, nicht erwarteten, dass alle genauso arbeiten wie sie.
Als Leiter haben sie	ein natürliches Zuständigkeitsgespür, ein sicheres Gefühl für das, was funktioniert, viel Vertrauen in ihre Leistungsfähigkeit; das Potenzial, weniger offensive Menschen zu überrumpeln.
Ihre Reaktion auf Stress:	verstärkte Kontrolle, noch härter arbeiten, noch mehr Sport treiben, sich der Stressquellen entledigen.
Man erkennt sie an	ihrem Tempo, ihrem schnellen „Griff zum Ruder“, ihrem Selbstvertrauen, ihrer rastlosen und überzeugenden Grundhaltung.

Perfektionistische Melancholiker: „Lasst es uns richtig machen!"

Wunsch:	Es muss richtig sein.
Emotionale Bedürfnisse:	Gefühl von Stabilität, Freiraum, Stille, Sensibilität, Unterstützung.
Hauptstärken:	Können gut organisieren und langfristige Ziele setzen, hohe Maßstäbe und Ideale, gehen allem auf den Grund.
Hauptschwächen:	leicht niedergeschlagen, brauchen zu viel Zeit zur Vorbereitung, konzentrieren sich zu sehr auf Einzelheiten, erinnern sich in erster Linie an Negatives, sind anderen gegenüber misstrauisch.
Sind deprimiert, wenn	das Leben in Unordnung gerät, Maßstäbe nicht erfüllt werden und das vermeintlich niemanden interessiert.
Haben Angst, dass	niemand versteht, wie es ihnen wirklich geht, sie Fehler machen, sie Kompromisse zu den selbst gesetzten Maßstäben machen müssen.
Mögen Leute, die	ernsthaft sind, intellektuell, tiefgründig und die ein vernünftiges Gespräch führen können.
Mögen Leute nicht, die	oberflächlich sind, vergesslich, unpünktlich, unorganisiert, Ausflüchte machen, zu Ausreden greifen und unberechenbar sind.
Zeichnen sich bei der Arbeit aus durch	Gespür fürs Detail, Liebe zur Analyse, Durchhaltevermögen, hohen Anspruch in der Leistung, Mitgefühl mit anderen Menschen.
Könnten noch besser werden, wenn sie	das Leben nicht so schrecklich ernst nehmen und nicht darauf bestehen würden, dass alle anderen ebenfalls perfektionistisch sein müssen.

Als Leiter	sind sie gut im Organisieren, sensibel in Bezug auf die Gefühle anderer, ausgesprochen kreativ und verlangen qualitativ erstklassige Leistung.
Reaktion auf Stress:	Rückzug, verlieren sich in einem Buch, werden depressiv, geben auf oder sprechen eingehend über ihre Probleme
Man erkennt sie an	ihrem ernsthaften und sensiblen Wesen, ihrem höflichen Verhalten, ihren selbstkritischen Bemerkungen, ihrem makellos gepflegten Äußeren.

Friedliebende Phlegmatiker: „Lasst es uns so einfach wie möglich machen!“

Wunsch:	Konfliktvermeidung, Frieden halten.
Emotionale Bedürfnisse:	Frieden und Entspannung, Beachtung, Lob, Wertschätzung, liebevolle Motivation.
Hauptstärken:	ausgeglichen, gefällig, trockener Humor, angenehmes Wesen.
Hauptschwächen:	Unentschlossenheit, Mangel an Begeisterung und Energie; verborgener eiserner Wille.
Sind deprimiert, wenn	das Leben konfliktreich wird, sie persönlich konfrontiert werden oder keiner ihnen helfen will, man ihnen den schwarzen Peter zuschiebt.
Haben Angst,	größere Probleme angehen zu müssen, im Regen stehen gelassen zu werden, größere Veränderungen zu bewältigen.
Mögen Leute, die	für sie Entscheidungen treffen, ihre Stärken erkennen, sie nicht übergehen, ihnen Achtung schenken.
Mögen Leute nicht, die	sie zu sehr drängen, zu laut sind und zu viel von ihnen erwarten.

Zeichnen sich bei der Arbeit aus,	indem sie zwischen zerstrittenen Leuten vermitteln und objektiv Probleme lösen können.
Könnten noch besser werden, wenn sie	sich Ziele setzten und sich selbst motivieren würden; bereit wären, mehr zu tun und schneller zu arbeiten, als von ihnen erwartet wird; sich genauso gut ihren eigenen Problemen stellen würden, wie sie mit den Problemen anderer umgehen können.
Als Leiter	bleiben sie ruhig und gelassen, treffen keine impulsiven Entscheidungen, sind beliebt und friedfertig, machen keine Probleme, bringen aber nur selten brillante neue Ideen hervor.
Reaktion auf Stress:	Verstecken sich davor; sehen fern; essen; blenden das Leben aus.
Man erkennt sie an	ihrem ruhigen Auftreten; der entspannten Haltung (wenn möglich, sitzen sie oder lehnen sich an).

Anhang B

Bestimmen Sie Ihr Persönlichkeitsprofil

Auswertungsbogen

Auf der folgenden Seite finden Sie einen Auswertungsbogen, mit dem Sie Ihr Persönlichkeitsprofil bestimmen können. Kreuzen Sie in jeder Reihe mit vier Eigenschaften das Kästchen vor dem einen oder den Adjektiven an, die am ehesten auf Sie zutreffen. Machen Sie nach diesem Schema weiter bis zur 40. Zeile. Wenn Sie sich nicht ganz sicher sind, welche der genannten Eigenschaften am besten auf Sie zutreffen, fragen Sie Ihren Ehepartner oder einen Freund. Damit die Angaben möglichst genau sind, lesen Sie sich bitte zunächst die Definitionen der im Anschluss an unsere Testbögen aufgeführten Eigenschaften durch.

Bestimmungsbogen

Übertragen Sie jetzt all Ihre Kreuze zu den entsprechenden Eigenschaften des Auswertungsbogens auf den Bestimmungsbogen. (Die Reihenfolge der Adjektive ist hier anders zusammengestellt.) Addieren Sie die Antworten in jeder Kolumne und ermitteln Sie die Gesamtzahl aus den beiden Rubriken „Stärken“ und „Schwächen“. Nun können Sie erkennen, welcher Persönlichkeitstyp Sie überwiegend sind. Sie werden außerdem herausfinden, welche Anteile anderer Persönlichkeitstypen bei Ihnen vorhanden sind. Wenn Sie beispielsweise auf insgesamt 35 Kreuze bei den Stärken und Schwächen des Cholerikers kommen, dann ist das Ergebnis ziemlich eindeutig: *Sie sind fast ausschließlich cholerisch.* Wenn Sie aber beispielsweise auf 16 Kreuze bei den Stärken und Schwächen des Cholerikers kommen, auf 14 beim Melancholiker und jeweils 5 bei den verbleibenden zwei Kategorien, dann sind Sie ein Choleriker mit starken Anteilen des Melancholikers.

Auswertungsbogen (nach Fred Littauer)

Setzen Sie in jeder Zeile vor dem Eigenschaftswort ein Kreuz, das am ehesten auf Sie zutrifft.

Stärken				
1	abenteuerlustig	anpassungsfähig	lebhaft	analytisch
2	hartnäckig	verspielt	überzeugend	friedlich
3	kompromissbereit	aufopferungsvoll	gesellig	willensstark
4	rücksichtsvoll	beherrscht	ehrgeizig	überzeugend
5	erfrischend	respektvoll	zurückhaltend	einfallsreich
6	zufrieden	sensibel	selbstständig	temperamentvoll
7	vorausplanend	geduldig	positiv	fördernd
8	sicher	spontan	organisiert	schüchtern
9	ordentlich	verbindlich	direkt	optimistisch
10	freundlich	treu	lustig	energisch
11	kühn	reizvoll	diplomatisch	genau
12	fröhlich	beständig	kultiviert	selbstbewusst
13	idealistisch	unabhängig	harmlos	anregend
14	überschwänglich	entscheidungsfreudig	humorvoll	tiefgründig
15	vermittelnd	musikalisch	antreibend	kontaktfreudig
16	aufmerksam	hartnäckig	gesprächig	tolerant
17	geduldig	loyal	führend	lebhaft
18	genügsam	bestimmt	planend	nett
19	perfektionistisch	angenehm	produktiv	beliebt
20	munter	mutig	wohlerzogen	ausgeglichen

Schwächen				
21	unauffällig	schüchtern	unverschämt	herrisch
22	undiszipliniert	unsympathisch	begeisterungslos	unversöhnlich
23	starr	ärgerlich	widerspenstig	wiederholend
24	kleinlich	ängstlich	vergesslich	zu direkt
25	ungeduldig	unsicher	unschlüssig	behindernd
26	unbeliebt	unbeteiligt	unberechenbar	abweisend
27	dickköpfig	willkürlich	anspruchsvoll	zögernd
28	spröde	pessimistisch	dreist	lässig
29	reizbar	ziellos	streitsüchtig	kontaktscheu
30	naiv	schwarzseherisch	dreist	lässig
31	sorgenvoll	verschlossen	arbeitssüchtig	ehrgeizig
32	übersensibel	taktlos	zaghaft	redselig
33	zweifelnd	unorganisiert	dominierend	deprimiert
34	inkonsequent	introvertiert	intolerant	gleichgültig
35	oberflächlich	launisch	muffelig	manipulierend
36	langsam	stur	angeberisch	skeptisch
37	einzelgängerisch	überheblich	faul	aufdringlich
38	träge	misstrauisch	aufbrausend	zerstreut
39	rachsüchtig	rastlos	widerwillig	unbesonnen
40	wetterwendisch	kritisch	arglistig	unbeständig

Bestimmungsbogen

Übertragen Sie nun Ihre Kreuze vom Auswertungsbogen in die vier folgenden Rubriken:

Stärken				
	Sanguiniker	**Choleriker**	**Melancholiker**	**Phlegmatiker**
1	lebhaft	abenteuerlustig	analytisch	anpassungsfähig
2	verspielt	überzeugend	hartnäckig	friedlich
3	gesellig	willensstark	aufopferungsvoll	kompromissbereit
4	überzeugend	ehrgeizig	rücksichtsvoll	beherrscht
5	erfrischend	einfallsreich	respektvoll	zurückhaltend
6	temperamentvoll	selbstständig	sensibel	zufrieden
7	fördernd	positiv	vorausplanend	geduldig
8	spontan	sicher	organisiert	schüchtern
9	optimistisch	direkt	ordentlich	verbindlich
10	lustig	energisch	treu	freundlich
11	reizvoll	kühn	genau	diplomatisch
12	fröhlich	selbstbewusst	kultiviert	beständig
13	anregend	unabhängig	idealistisch	harmlos
14	überschwänglich	entscheidungsfreudig	tiefgründig	humorvoll
15	kontaktfreudig	antreibend	musikalisch	vermittelnd
16	gesprächig	hartnäckig	aufmerksam	tolerant
17	lebhaft	führend	loyal	geduldig
18	nett	bestimmt	planend	genügsam
19	beliebt	produktiv	genau	angenehm
20	munter	mutig	wohlerzogen	ausgeglichen
Summe				

Schwächen				
	Sanguiniker	**Choleriker**	**Melancholiker**	**Phlegmatiker**
21	unverschämt	herrisch	schüchtern	unauffällig
22	undiszipliniert	unsympathisch	unversöhnlich	begeisterungslos
23	wiederholend	widerspenstig	ärgerlich	starr
24	vergesslich	zu direkt	kleinlich	ängstlich
25	behindernd	ungeduldig	unsicher	unschlüssig
26	unberechenbar	abweisend	unbeliebt	unbeteiligt
27	willkürlich	dickköpfig	anspruchsvoll	zögernd
28	nachgiebig	stolz	pessimistisch	spröde
29	reizbar	streitsüchtig	kontaktscheu	ziellos
30	naiv	dreist	schwarzseherisch	lässig
31	ehrgeizig	arbeitssüchtig	verschlossen	sorgenvoll
32	redselig	taktlos	übersensibel	zaghaft
33	unorganisiert	dominierend	deprimiert	zweifelnd
34	inkonsequent	intolerant	introvertiert	gleichgültig
35	oberflächlich	manipulierend	launisch	muffelig
36	angeberisch	stur	skeptisch	langsam
37	aufdringlich	überheblich	einzelgängerisch	faul
38	zerstreut	aufbrausend	misstrauisch	träge
39	rastlos	unbesonnen	rachsüchtig	widerwillig
40	unbeständig	arglistig	kritisch	wetterwendisch
Summe				
Gesamtsumme				

Definitionen der Stärken

1. *Abenteuerlustig:* Geht Wagnisse und Unternehmungen an und ist dabei entschlossen, sie zu meistern.
Anpassungsfähig: Jemand, der sich schnell und leicht zurechtfindet und sich in fast jeder beliebigen Situation wohl fühlt.
Lebhaft: Mit beredter Gestik und Mimik.
Analytisch: Untersucht gern einzelne Aspekte von Situationen oder Dingen auf ihre logische und folgerichtige Beziehung zueinander.

2. *Hartnäckig:* Achtet darauf, dass ein Projekt abgeschlossen ist, bevor das nächste in Angriff genommen wird.
Verspielt: Immer zu Scherzen aufgelegt, humorvoll.
Überzeugend: Überzeugt eher durch Logik und Tatsachen als durch Charme oder Macht.
Friedlich: Wirkt gelassen und ruhig; hält sich gern aus Streit oder aus Konflikten heraus.

3. *Unterwürfig:* Akzeptiert leicht den Standpunkt oder Wunsch anderer; hat wenig Bedürfnis nach Bestätigung der eigenen Position durch andere.
Aufopferungsvoll: Ist bereit, eigene Bedürfnisse zurückzustellen, um die Bedürfnisse anderer zu erfüllen.
Gesellig: Betrachtet das Zusammensein mit anderen als netten Zeitvertreib; setzt dies nicht zu dem Zweck ein, etwas für sich selbst zu erreichen.
Willensstark: Entschlossen, die eigenen Vorstellungen durchzusetzen.

4. *Rücksichtsvoll:* Achtet die Bedürfnisse und Gefühle anderer.
Beherrscht: Hat zwar Gefühle, zeigt sie aber nicht.
Ehrgeizig: Macht aus jeder Situation, jedem Ereignis und jedem Spiel einen Wettkampf; spielt nur, um zu gewinnen.
Überzeugend: Kann andere für alles nur Denkbare gewinnen, und zwar allein durch seine/ihre Persönlichkeit.

5. *Erfrischend:* Stimuliert andere; regt sie an. Ein Mensch, in dessen Nähe sich andere wohl fühlen.
Respektvoll: Behandelt andere mit Anerkennung und Wertschätzung.
Zurückhaltend: Nimmt sich selbst im Ausdrücken von Gefühlen oder Begeisterung sehr zurück.
Einfallsreich: Kann in praktisch allen Situationen schnell und wirkungsvoll handeln.

6. *Zufrieden:* Ein Mensch, dem es leicht fällt, alle Umstände und Situationen anzunehmen.
Sensibel: Hat ein Gespür für das Befinden anderer Menschen.
Selbstständig: Unabhängig, kann sich völlig auf die eigenen Fähigkeiten verlassen.
Temperamentvoll: Sprühend lebendig.

7. *Vorausplanend:* Erstellt gern ausgefeilte Pläne, bevor er/sie eine Aufgabe in Angriff nimmt, ein Ziel verfolgt oder sich einer Herausforderung stellt; hat selbst lieber mit der Planung zu tun als mit der Durchführung.
Geduldig: Lässt sich nicht so schnell aus der Ruhe bringen, bleibt ruhig und tolerant.
Positiv: Erwartet grundsätzlich, dass alles gut gehen wird.
Fördernd: Bringt andere durch seinen/ihren Charme dazu, weiterzumachen, mitzugehen, etwas zu investieren, nicht aufzugeben.

8. *Sicher:* Hat Selbstvertrauen; schwankt oder zögert selten.
Spontan: Hat es gern, wenn das Leben aus unvorhergesehenen, nicht geplanten Aktivitäten besteht; liebt alles, was nicht durch Planung eingeschränkt ist.
Organisiert: Lebt und arbeitet nach einem täglichen Plan, kann es nicht leiden, wenn diese Pläne gestört oder durchkreuzt werden.
Schüchtern: Still; bringt nicht so leicht ein Gespräch in Gang.

9. *Ordentlich:* Ordnet systematisch die Umgebung.
Verbindlich: Zuverlässig, entgegenkommend.
Direkt: Redet nicht um den heißen Brei herum.
Optimistisch: Jemand mit einer sonnigen, positiven Grundhaltung, der andere leicht mitreißen kann.

10. *Freundlich:* Jemand, der von Natur aus nett und zuvorkommend mit anderen umgeht.
Treu: Zuverlässig, loyal, ergeben – manchmal über alles Verstehen hinaus.
Lustig: Voll sprühenden Witzes; kann aus praktisch jeder Gelegenheit ein ausgelassenes Ereignis machen.
Energisch: Dominante Persönlichkeit; jemand, gegen den sich so leicht niemand stellen mag.

11. *Kühn:* Bereit, Risiken einzugehen; furchtlos, mutig.
Reizvoll: Ein Mensch, der charmant und interessant ist und mit dem man gern zusammen ist.
Diplomatisch: Sensibel, taktvoll und geduldig im Umgang mit anderen Menschen.
Genau: Geht nach einer bestimmten Ordnung vor; erinnert sich exakt an alles.

12. *Fröhlich:* Hat immer gute Laune. Weckt Heiterkeit bei anderen.
Beständig: Emotional gleich bleibend; reagiert kaum unvorhergesehen.
Kultiviert: Gebildet, liebt Wissen; interessiert sich für kulturelle Dinge wie Theater, Ballett, Konzerte.
Selbstbewusst: Weiß um seine Fähigkeiten; ist sich seines Erfolgs sicher.

13. *Idealistisch:* Stellt sich Dinge in ihrer perfekten Form bildlich vor und hat das Bedürfnis, auch selbst diesem Maßstab gerecht zu werden.
Unabhängig: Genügt sich selbst; ist selbstsicher; hilft sich selbst; braucht scheinbar kaum Hilfe von außen.
Harmlos: Sagt nie etwas Schlimmes oder verursacht nie Unannehmlichkeiten.

Anregend: Macht anderen Mut mitzumachen, sich zu beteiligen und sorgt dafür, dass jedes Projekt Spaß macht.

14. *Überschwänglich:* Bringt Gefühle offen und deutlich zum Ausdruck, besonders Zuneigung; hat auch keine Scheu, andere zu berühren.
Entscheidungsfreudig: Jemand, der schnell und sachlich Situationen beurteilen und Entscheidungen treffen kann.
Humorvoll: Zeigt „trockenen Witz", normalerweise kurze Bemerkungen sarkastischer oder ironischer Art.
Tiefgründig: Intensiv, oft eher in sich gekehrt; mag in der Regel keine oberflächlichen Gespräche und Themen.

15. *Vermittelnd:* Hat ständig die Rolle, bei Differenzen auszugleichen, um Konflikte zu vermeiden.
Musikalisch: Macht selbst Musik oder aber hat großes Interesse daran; mag Musik eher als Kunstform statt als aktive Ausdrucksform für sich selbst.
Antreibend: Getrieben von dem Bedürfnis, produktiv zu sein; Leitwolf; es fällt einer solchen Persönlichkeit schwer, still zu sitzen.
Kontaktfreudig: Liebt Feste und kann es gar nicht erwarten, alle Anwesenden kennen zu lernen; niemand ist für ihn/sie ein(e) Fremde(r).

16. *Aufmerksam:* Denkt an besondere Anlässe und reagiert häufig mit einer kleinen Aufmerksamkeit.
Hartnäckig: Hält ausdauernd an einem gesetzten Ziel fest und gibt nicht auf, bevor es erreicht ist.
Gesprächig: Redet ständig; erzählt normalerweise lustige, unterhaltsame Geschichten; hat das Gefühl, im Gespräch keine Pausen aufkommen lassen zu dürfen, damit sich alle wohl fühlen.
Tolerant: Akzeptiert ohne Probleme die Gedanken und Wesensart anderer, ohne das Bedürfnis zu widersprechen oder den anderen zu ändern.

17. *Geduldig:* scheinbar immer bereit, sich anzuhören, was andere zu sagen haben.
Loyal: Ist einem Menschen, einem Ideal oder einer Aufgabe treu, manchmal über alles Verstehen hinaus.
Führend: Ein geborener Leiter, der unbedingt die Verantwortung haben muss und dem/der es oft schwer fällt zu glauben, dass es jemanden geben könnte, der/die die betreffenden Aufgaben ebenso gut bewältigen könnte.
Lebhaft: Sprühend vor Leben, kraftvoll, schwungvoll, mitreißend.

18. *Genügsam:* Zufrieden mit dem, was vorhanden ist, fast nie neidisch.
Bestimmt: Übernimmt das Kommando und erwartet, dass die anderen folgen.
Planend: Organisiert den Lebensalltag und löst Probleme mit Hilfe von Listen, Skizzen oder Tabellen.
Nett: Angenehm, Mittelpunkt der Aufmerksamkeit, charmant.

19. *Perfektionistisch:* Legt hohen Maßstab an sich selbst und oft auch an andere. Alles muss richtig und in Ordnung sein.
Angenehm: „Pflegeleicht", umgänglich; jemand, mit dem man leicht reden kann.
Produktiv: Fleißig und tüchtig; kann schlecht zur Ruhe kommen.
Beliebt: Mittelpunkt jeder Party, deshalb als Stimmungsmacher bekannt.

20. *Munter:* Lebhaft, quirlig, voller Energie.
Mutig: Furchtlos, wagemutig, keine Angst vor Risiken.
Wohlerzogen: Hat ständig den Wunsch, sich in den Grenzen dessen zu bewegen, was sich gehört.
Ausgeglichen: Stabile Persönlichkeit ohne besondere Hochs und Tiefs.

Definitionen der Schwächen

21. *Unauffällig:* Zurückhaltend; verwendet wenig Mimik und Gestik.
Schüchtern: Mag auf Grund von Befangenheit nicht die Aufmerksamkeit auf sich ziehen.
Unverschämt: Zu laut, schrill, zu direkt.
Herrisch: Kommandierend, dominierend, kontrollierend.

22. *Undiszipliniert:* Mensch, in dessen Leben in fast allen Bereichen die Ordnung fehlt.
Unsympathisch: Hat Schwierigkeiten, sich auf Menschen einzulassen; negative Ausstrahlung.
Begeisterungslos: Findet es schwierig, für etwas Enthusiasmus zu empfinden; hat oft das Gefühl, dass es sowieso nichts wird.
Unversöhnlich: Jemand, dem es schwer fällt, ein Unrecht oder eine Verletzung zu vergeben oder zu vergessen.

23. *Starr:* Kämpft dagegen an, sich zu verändern und Neues zu probieren.
Ärgerlich: Leicht erregbar; hält oft bei eingebildeten oder tatsächlichen Vergehen gegen sich an negativen Gefühlen fest.
Widerspenstig: Will nur eigene Wege und Meinungen gelten lassen; sträubt sich gegen alles andere.
Wiederholend: Erzählt alte Geschichten und Anekdoten ständig wieder, um andere zu unterhalten, ohne zu merken, dass alle sie schon kennen.

24. *Kleinlich:* Hält sich mit belanglosen Nebensächlichkeiten auf, denen er/sie große Bedeutung beimisst.
Ängstlich: Oft beherrscht von Sorgen und Ängstlichkeit.
Vergesslich: Schlechtes Gedächtnis, oft in Verbindung mit mangelnder Disziplin; macht sich nicht die Mühe, sich an Dinge zu erinnern, die „keinen Spaß machen“.
Zu direkt: Jemand, der genau so redet, wie ihm/ihr zu Mute ist und kein Blatt vor den Mund nimmt; oft verletzend.

25. *Ungeduldig:* Ein Mensch, dem es schwer fällt, Irritationen auszuhalten oder auf etwas oder jemanden zu warten.
Unsicher: Ängstlich, ohne Selbstvertrauen.
Unschlüssig: Hat Schwierigkeiten, überhaupt Entscheidungen zu treffen. (Damit ist nicht der Persönlichkeitstyp gemeint, der lange braucht, um eine Entscheidung zu treffen, weil er den Anspruch an sich selbst hat, dass es die perfekte Entscheidung sein muss.)
Behindernd: Hemmt und unterbricht andere; jemand, der anfängt zu reden und dabei gar nicht merkt, dass schon jemand anderer spricht.

26. *Unbeliebt:* Das Streben nach Perfektion oder Aufmerksamkeit ist so heftig und fordernd, dass andere dadurch abgestoßen sind.
Unbeteiligt: Hat nicht den Wunsch zuzuhören oder sich für Gruppen, Aktivitäten oder das Leben anderer Menschen zu interessieren.
Unberechenbar: Kann in einem Augenblick völlig aus dem Häuschen sein und im nächsten deprimiert; jemand, der sich bereiterklärt zu helfen, aber dann verschwindet, sich verabredet, aber nicht auftaucht.
Abweisend: Hat Schwierigkeiten, Zärtlichkeit oder andere Gefühle offen zu zeigen.

27. *Dickköpfig:* Besteht auf seiner/ihrer Meinung bzw. seinem/ihrem Willen.
Willkürlich: Hat keinen Plan, wie er/sie Dinge angeht.
Anspruchsvoll: Legt einen so hohen Maßstab an, dass kaum jemand ihm je genügen kann.
Zögernd: Kommt schwer in Gang, macht nur ungern mit.

28. *Spröde:* Ohne Höhen und Tiefen, zeigt kaum Gefühl oder Herzlichkeit.
Pessimistisch: Sieht meist erst die negativen Seiten einer Angelegenheit.
Stolz: Jemand mit großem Selbstbewusstsein, der/die immer Recht zu haben glaubt und der Meinung ist, die einzige geeignete Person für eine Aufgabe zu sein.

Nachgiebig: Lässt anderen (einschließlich Kindern) ihren Willen, damit man ihn/sie mag.

29. *Reizbar:* Bringt wie ein Kind lautstark seinen Zorn zum Ausdruck, beruhigt sich dann aber auch ganz schnell wieder.
Ziellos: Setzt sich keine Ziele und hat auch nicht den Wunsch danach.
Streitsüchtig: Fängt oft Diskussionen an, weil er/sie in der Regel glaubt, Recht zu haben ganz gleich, wie die Umstände sind.
Kontaktscheu: Fühlt sich leicht von anderen entfremdet, oft aus Unsicherheit oder Angst, dass andere nicht gern etwas mit ihr/ihm zu tun haben könnten.

30. *Naiv:* Hat schlichten, kindlichen Blickwinkel. Es fehlt an Interesse und Bildung, um zu einem tieferen Verständnis von Zusammenhängen und dem Leben allgemein zu gelangen.
Schwarzseherisch: Sieht oder beurteilt kaum etwas positiv; kann oft nur die düstere Seite einer Sache sehen.
Dreist: Im negativen Sinn voller Selbstbewusstsein, voranpreschend, unverschämt, rücksichtslos.
Lässig: Locker, unsensibel, gleichgültig.

31. *Sorgenvoll:* Sieht in allem ein Problem; ängstlich und unsicher.
Verschlossen: Ein Mensch, der sich sehr zurücknimmt und wenig von sich preisgibt.
Arbeitssüchtig: Setzt offensiv Ziele, die stets produktiv sein müssen; hat Schuldgefühle, wenn er/sie sich ausruht. Arbeit ist wichtiger als alles andere.
Ehrgeizig: Strebt nach Lob und Anerkennung anderer. Als Unterhalter(in) lebt ein solcher Mensch vom Applaus, dem Lachen und/oder der Annahme durch das Publikum.

32. *Übersensibel:* Kreist in Gedanken zu sehr um ihr/sein Inneres, leicht beleidigt, zimperlich.
Taktlos: Drückt sich selbst manchmal unüberlegt und dadurch

für andere verletzend aus; wenig Gespür für angemessenes Verhalten.
Zaghaft: Schreckt vor schwierigen Situationen zurück.
Redselig: Schwatzt fast zwanghaft; kann nur schwer zuhören.

33. *Zweifelnd:* Gekennzeichnet durch Unsicherheit und mangelnde Zuversicht, dass je etwas klappen könnte.
Unorganisiert: Fehlende Fähigkeit, im eigenen Leben Ordnung zu halten.
Dominierend: Übernimmt zwanghaft das Regiment über Menschen oder Situationen; sagt anderen, was sie zu tun und zu lassen haben.
Deprimiert: Ist überwiegend bedrückt bzw. niedergeschlagen.

34. *Inkonsequent:* Launenhaft, widersprüchlich; Verhalten und Gefühle beruhen nicht auf Logik.
Introvertiert: Ein Mensch, dessen Gedanken und Interessen nach innen gerichtet sind; schwer zugänglich.
Intolerant: Scheinbar unfähig, Einstellungen, Standpunkte und Methoden anderer zu akzeptieren.
Gleichgültig: Ein Mensch, dem die meisten Dinge egal sind.

35. *Oberflächlich:* Geht ungern in die Tiefe; lässt sich nicht wirklich auf Gedanken und Gefühle ein.
Launisch: Emotional wechselhaft; gerät leicht in ein Tief, wenn er/sie sich nicht wertgeschätzt fühlt.
Muffelig: Verbreitet schlechte Stimmung; leicht negativ.
Manipulierend: Nimmt indirekt Einfluss, um Vorteile zu erlangen; bekommt irgendwie immer seinen/ihren Willen.

36. *Langsam:* Kann nicht schnell denken oder handeln – zu mühsam.
Stur: Entschlossen, den eigenen Willen durchzusetzen; nicht leicht zu überzeugen.
Angeberisch: Muss im Mittelpunkt stehen und gesehen werden.
Skeptisch: Ungläubig; stellt Motive hinter dem Gesagten in Frage.

37. *Einzelgängerisch:* Braucht viel Zeit für sich und meidet andere Menschen und Geselligkeit.
Überheblich: Zögert nicht, anderen das Gefühl zu geben, Recht zu haben und alles im Griff zu haben.
Faul: Mag nicht gern Zeit und Kraft in etwas investieren.
Aufdringlich: Ein Mensch, dessen Lachen oder Stimme alle anderen stets übertönt; kein Taktgefühl.

38. *Träge:* Kommt nur schwer in Gang; muss oft von anderen motiviert werden.
Misstrauisch: Neigt dazu, anderen Menschen oder auch Ideen skeptisch gegenüberzustehen.
Aufbrausend: Hat einen fordernden, auf Ungeduld basierenden Zorn in sich und eine kurze Lunte. Der Zorn wird zum Ausdruck gebracht, wenn andere nicht schnell genug sind oder sich „dumm anstellen".
Zerstreut: Flüchtig; diesem Menschen mangelt es an Konzentration oder Aufmerksamkeit.

39. *Rachsüchtig:* Hegt bewusst Groll gegen andere und bestraft Betreffende, oft auch indirekt, indem er ihnen Freundschaft oder Zuwendung entzieht.
Rastlos: Braucht ständig neue Aktivitäten, weil es keinen Spaß macht, immer das Gleiche zu tun.
Widerwillig: Wehrt sich gegen alles; ist nicht bereit mitzumachen.
Unbesonnen: Handelt oft übereilt, ohne erst alles zu durchdenken, in der Regel aus Ungeduld.

40. *Wetterwendisch:* Gibt oft nach in Bezug auf die eigene Meinung, selbst wenn er/sie im Recht ist, um Konflikte zu vermeiden.
Kritisch: Bewertet und beurteilt ständig, häufig in negativer Weise.
Arglistig: Nicht „sauber"; bereit zu täuschen und zu kompromittieren.
Unbeständig: Hat eine kindlich kurze Aufmerksamkeitsspanne; leicht ablenkbar; braucht viel Abwechslung und Vielfalt, um sich nicht zu langweilen.

Literaturverzeichnis

Kapitel 1:
Welche Temperamente gibt es eigentlich?

[1] *Cheryl Kirking erzählt diese Geschichte in* Getting Along with Almost Anybody *von Florence und Marita Littauer, Revell, 1998, S. 62-63.*

[2] *Dean Hamer und Peter Copeland:* Living with Our Genes, *Doubleday, 1998.*

Kapitel 4:
Die Erziehung Ihres sanguinischen Kindes

[3] *Kathy Collar Miller:* Staying Friends with Your Kids, *Harold Shaw, 1997.*

Kapitel 5:
Die Eigenschaften eines kontrollierenden Cholerikers

[4] USA Today, 26. August 1997